褚时健
经营哲学

# 褚时健
# 经营为王

张小军／著　考拉看看／策划

浙江人民出版社

**图书在版编目（CIP）数据**

褚时健. 经营为王 / 张小军著. -- 杭州 : 浙江人民出版社, 2019. 9

ISBN 978-7-213-09374-6

Ⅰ. ①褚… Ⅱ. ①张… Ⅲ. ①企业管理—经验—中国 Ⅳ. ①F272-49

中国版本图书馆CIP数据核字（2019）第156599号

## 褚时健. 经营为王

张小军 著

出版发行：浙江人民出版社（杭州市体育场路 347 号 邮编：310006）
市场部电话：（0571）85061682 85176516
项目策划：考拉看看
责任编辑：朱丽芳 何英娇
营销编辑：陈雯怡 陈芊如
责任校对：杨 帆
责任印务：聂绪东
封面设计：元明设计
电脑制版：北京唐人佳悦文化传播有限公司
印 刷：北京阳光印易科技有限公司
开 本：710 毫米 ×1000 毫米 1/16 印 张：16.5
字 数：146 千字 插 页：2
版 次：2019 年 9 月第 1 版 印 次：2019 年 9 月第 1 次印刷
书 号：ISBN 978-7-213-09374-6
定 价：59.80元

推荐序 1

# 中国企业家精神的极致

褚老走了，我很难过，发了一条微博：

**每年褚橙飘香，必如期而至。褚老于我，如榜样，如兄长，更如挚友。喧嚣一生，刚硬沧桑，终归清净。但死而不亡者寿。送挚友，最后一程。褚厂长一路走好，天堂如今有好橙。**

褚厂长以前说我这个人在基本感情上、基本看法上，和他比较一致。我是他的粉丝，他是我们这些企业家的骄傲。我多次去看他，其实我是去取经的。

## 企业家的尊严

褚厂长在玉溪卷烟厂的时候在全国是赫赫有名的，当时国产的云南烟价格已经超过了万宝路等洋烟的价格，能做到这一点，还是很扬眉吐气的。

那时候，玉溪卷烟厂的年税利达到上百亿元，万科的规模是年产值 30 亿元，人家一年上缴的税都比万科的产值大得多。但是真正让我印象深刻的是，他管理烟厂时的质量概念。烟农、烟田是第一生产车间，烟叶符合标准才进场。从引进种子到耕种、收获、烤制、分级，这个标准环环相扣，让我印象非常深刻。

后来的事大家都知道了，褚厂长入狱，而后保外就医，开始种橙子。我第一时间通过云南的朋友去见了他，第一次他不在家，第二次（2003 年）通过朋友安排去哀牢山上见他，他在山头包了一个 2400 亩的橙园，准备引水上山。去时，他正和一个老农讨价还价，要修一个水泵，老农开价 80 元，他还价 50 元。这样一个曾经创税百亿元的企业家在跟一个老农民讨价还价，这是我站在旁边看到的。他个子非常高，戴着破草帽，穿着破的圆领衫。

见面之后，他兴致勃勃地跟我谈橙园将来挂果子是什么情景。那时候橙苗刚栽上去，只有 60 厘米高。我就小心翼翼地问，什么时候可以挂果？他说得几年后。那时候他已经 75 岁，挂果得 80 岁了。我就反思我自己，70 岁的时候我肯定退休了，我从没有给自己设计退休后的生活，他对我的影响非常大。我的退休生活该怎么设计，应该说受到了褚厂长的影响。比如说我 70 岁之后，也许到戈壁滩上种庄稼了。

褚厂长最值得我们敬佩的就是他保持了尊严，这恰好是我们中国人现在真正需要的东西。企业家、工商阶层最需要的就是尊严，怎么独立、怎么尊重自己、怎么尊重别人，这是我从他身上能感受到的。

正是因为他保持着尊严，即使受到挫折，也能恰当对待自己、对待社会。实际上他出来之后，很多人都想帮他，但是他要证明自己，自己独立去做。褚厂长高龄创业，我以前说这是“中年的延长”，他创造的“褚橙”品牌让企业家看到了希望，这里蕴藏了很大的力量，这力量是工匠精神、独立人格、不断创新，是为社会贡献价值的企业家精神和尊严。

“文化大革命”以前，我当过兵、当过工人、当过干部、当过技术员，但这些都不是我选择的。

褚厂长所处的时代，岂止是商人，大家都是被决定、被安排的，这是整个社会的环境。褚厂长一直说自己是给国家做事情，70多岁后开始给自己做，给家族做。老两口到哀牢山是自己选择的，不是组织分配的，这10多年，自己说了算，实现了真正的经济独立，这是不是尊严？中国传统的工匠精神是把东西做好，他种的橙子有没有作为工商阶层最起码的尊严在里面？

褚厂长最值得我们敬佩的就是他保持了尊严，走过辉煌，落入谷底，又重新站起，触底反弹。

他一生创立了四个品牌，第一是玉溪牌香烟，第二是褚橙，第三是企业家精神，第四则是家族传承。中国的企业家能延续三代的并不多，因此才有富不过三代一说。前段时间，产品发布，褚家三代到场，除了马静芬大姐外，还包括褚家第二代和第三代。

他从政府官员，到一个大型国有企业的企业家，到做自己的家族企业，最后他的家族企业如何传承，也是需要他来面对的。他和他的家族很好地解决了这个问题。

## 挖掘企业家精神

很多人说，褚厂长之前做的是特许经营，随便从昆明街头找个人，给他一样的条件也能做得到。我不这样认为，几百家靠特许经营的企业，为什么褚厂长能和其他人不一样？

他以前管工业，现在是管农业，管工业的怎么把农业管好？这是不同的概念，和工人打交道，你发工资人家干活，不干活我还可以罚你；农民不能这样啊，很难控制得住吧？大家对病虫害都没办法，他能把果树的发病率从 5%—6% 降到 1‰。我相信他管烟厂的能力，但这么多年过来，我还是非常好奇，他是怎么把管工业和管农业两种理念结合起来的？

褚厂长在哀牢山谱写出一位中国企业家的传奇，感染影响了几代人，其故事、传奇、精神值得书写、值得传承、值得发扬。

中国过去几十年取得了很大的成就，其中企业家的贡献很大，很大一批企业家成长起来了，他们也面临交接棒。现在中国的改革开放进入第五个 10 年，针对中国企业家的研究也需要加强，需要总结，需要传承。

每每回忆过往，会想起褚厂长常说的那句话：“年轻人要有耐心，一锤子打不出一个结果。”

他起伏的一生，终归清净了。而年轻人和下一代，你们的未来，才刚刚开始。

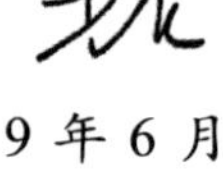

2019 年 6 月

## 推荐序 2

# 企业家精神和价值究竟是什么

考拉看看团队这次推出这系列作品，邀请我写一篇序言，盛情难却，所以有了下面这些文字。

父亲离开已经有一段时间了，我们对他的怀念，需要用一些具体的东西来表达。我自己一直在思考，父亲的企业家精神和价值究竟是什么？这篇文章，算是我对此的一种表达，也希望可以给外界提供一些思考。

回顾父亲的一生，作为企业家，他不但有精神层面的东西，还有方法论，战略和战术。正因为具备这些因素，他才成了一位公认的优秀企业家。

## 专注解决问题

父亲是一个热爱生活的人，他之所以取得很大的成就，是因为他骨子里始终有一种不服输的劲头，总是思考如何解决问题。我在他身上看到了农业这个产业本身的可能性，以及他做事的一个特点，那就是“专注”。

我过去搞投资，发现在发展变化比较快的市场环境中，需要关注很多点，然后快速做出判断。

后来我发现，有时候一个人面对太多选择的时候，哪怕是一个天才，也会给自己制造很多错误的可能性，因为人的精力是有限的，如果对某一个点上的关注度不够，你的判断就不可能太客观、准确。

特别是在面对诱惑时，比如所谓赚大钱的机会，如果耐不住寂寞而动摇，事业很可能就会走向终结。人生和种花一样，需要修枝剪叶做一些减法。在这方面，父亲的思路十分清晰，内心十分坚定，所以他总能干脆利落地做出决策。

管烟厂的时候如此，后来种橙子也是如此。他每次站在土地上盯着树叶、树枝、树干、果子看的时候，眼神里都是专注。

专注就是要解决问题，做一件事必须专注度非常高，盯着一件事，然后把它做好。这是我在父亲身边一直留意他做事时学到的。我觉得父亲按天分来讲，并不属于天才类型的人。但是为什么他每做一件事都能成？关键就在于他的聚焦和专注，盯着一件事，把这件事做好，然后再考虑其他的东西。

在企业家圈子里很多人都认为，父亲从糖厂、烟厂到褚橙，都做得很成功，有一种经商的才能，体现了一个企业家的专业素养，体现了中国企业家的一种难能可贵的匠人精神，我想那就是用专业精神专注地将事情做到极致。

## 商业逻辑、战略高度和坚韧

总结父亲的经营管理之道，除了专注，我认为还有三点很关键：商业逻辑、战略高度和坚忍不拔的精神。

首先，他尊重商业规律，懂得商业逻辑，始终坚持经营的本质。父亲做过糖厂、烟厂，种过橙。别人都说他干什么成什么，并且都能做到行业第一。这也让很多人产生疑惑，为什么他总能做到？

道理说起来非常简单，老父亲一直在思考钻研企业靠什么赚钱，经营的本质是什么。企业要赚钱，是基本的责任所在，是商业专业主义的体现。一个盈利的企业，是对社会、员工、股东、合作伙伴最大的回报。活下来，并活得好，就是他办企业的基本逻辑。现在经常有新的商业模式出来，大家喜欢追风口，要做飞起来的猪。其实还要想一想，风停了怎么办？猪自己没有翅膀，不能飞，诸如此类追风口的企业有没有遵循基本的商业逻辑？企业靠什么赚钱？

老父亲干一行成一行，首先他的商业智慧就体现在他始终尊重商业规律，有商业逻辑。至于技术创新、组织管理、市场营销，这些都是技术层面的问题，可以慢慢地一个一个解决。经营不需要用那么多高级华丽的词来形容，本质上就是把企业持续做下去，为客户创造价值。

第二，他具有高瞻远瞩的战略眼光。这个说起来好像很简单，但是要做到并不容易。拉长时间来看，做好一件事，战略高度不仅需要有预判眼光，而且还考验企业家的把控力，需要有战略，有战术，有战斗力。

父亲从20世纪80年代后期便展现了他的战略思维，红塔山成功后，他在能源、医药、金融等板块的布局，为红塔集团带来巨大的经济效益和社会效益。

在年龄很大的时候，父亲重新选择在农业领域里创业，这个选择也是一个战略选择。农业和人们的衣食住行相关，人们也需要高质量的产品。当然，世界上没有相同的企业，不管是产业、产品、市场定位，还是领导力、企业文化，总会有不同之处。适合这家企业的战略规划、布局，不一定适合另一家。只有足够了解自己，才有可能在对的时间做出对的选择。企业家要懂自己的企业，熟悉行业，也就是要理解商业规律，才有可能具备战略高度。做到这点并不容易，也很少有人能够做到像老父亲那样极致。

第三，他具有坚忍不拔的精神。周其仁教授说，企业家精神就是解决问题的精神。在父亲的这一生，问题始终没有间断过，接受濒临破产的糖厂、烟厂，然后老年开始种橙，面对问题父亲始终有一种坚忍不拔的精神。问题越多，他越坚忍。

作为企业家也好，作为个人也好，遇到困难，是继续向前走，还是掉头回来？企业家就是要不断解决问题，当你解决了一个问题，接下来一定有更大的问题，如果没有，那就代表着停滞不前，甚至是在后退、走下坡路。所以，没有问题的时候，一定是危机来了。

我很欣赏一个词叫“痛快”。拆开来理解就是，只有经历很大的痛苦，才能感受到极致的快乐。

解决问题是让人痛并快乐着的事情，脚下路陡坡弯急，但向前一步的风光一定更美。父亲在困难面前一直坚持解决问题，这很多人都见识过。这是不认输、不妥协的倔强，也是千锤百炼后的强大自信。

# 坚持做好产品

我之前在金融业打拼多年，如今认真做农民，体会到了父亲在土地上踏实前行的心境。每次在基地看到大家热情工作，看到乡亲们不用远走他乡，而是一家团圆，都在果园工作，我为他们感到很高兴。褚橙基地现在有很多年轻人，还有很多老农人，其中有很多人跟随父亲创业直到现在，他们愿意在这片土地上干活，而且干得很好。可以说这片土地因为他们而充满生机，他们因为热爱这片土地而满载希望。

干农业其实说起来也简单，就是要坚持做好产品，搞好产品质量。父亲不去基地的时候，总会打电话给基地的作业长们，询问当天的温度、气候、病虫害等情况，他一定要做到心里有谱。在开会的时候，他的数据信息总是最精确的，有关企业经营的一切全在他脑子里。有人说他记忆力好，其实归根到底还是他在坚持解决问题，具有坚持搞好产品质量的理念。

农业这个行业，到目前还没有真正形成一个规模化、相对标准化的东西，或者说还处于爬坡上坎的阶段。标准化的操作体系，对农业来讲相对难一些，但是我觉得是可以做到的，而且会越来越好。一旦做到某种程度，我们的产业就能规模化发展。实现这一步还需要继续努力。农业是一个充满希望的行业，希望有更多人加入这个行业，也希望有更多用户可以消费到优质的农产品。

我希望我们的事业可以做得更大一些，有更多的资源进入这个行业，这个行业也需要多一些像父亲一样的企业家，不但能搞好企业，还可以帮助更多的农民脱贫致富，让更多的人重新回到土地上。

父亲一直坚持做高品质产品，一个一个解决问题，这既是管理经营之道，也是精神之力。这是我的理解，也是我和褚橙团队正在践行的理念。

坚持初心，回归本质，砥砺前行，做好一件事也就没有那么难了。

以上是我个人之见，也用来和大家探讨。

褚一斌

2019年8月于云南褚橙基地

总序

# 从过去到未来

中国改革开放进入第五个10年，本土企业家精神、企业经营与管理的总结正在拉开大幕。从过去到未来，都需要基本的愿力，需要传承。

## （一）

“我们相信：世界上每一位CEO、经理人和企业家都应该阅读这本书，每一位公司董事、顾问、投资人、新闻记者、商学院学生，每一个对世界最成功企业的出众特质有兴趣的人，也都应该阅读这本书。”

此处我们引用多年一直畅销的作品《基业长青》的序言里的这句话并不唐突。作为这套丛书的作者，我们同样认为，“我们如此斗胆声明，并非因为我们写了这本书，而是因为书中提到的公司和人确有很多可供借鉴之处，我们做了长期研究，写出这本书，就我们所知，没有人这样做过”。

在本书创作之前，我们对褚时健先生的研究时间长达8年，我们研究的持续性领先于任何一个研究褚时健先生的个人或团队。同时，我们也持续发布了我们的部分研究成果，比如《褚时健管理法》《褚橙方法》《褚时健传》，这些作品各有侧重点。现在的这套书并非这些成果的集结，而是用全新角度，披露了大量先前从未披露的内容。

贯穿我们研究和写作的中心问题是，褚时健先生将自己从事的每一项事业都做成了行业翘楚，到底是什么样的经营、管理和精神特质成就了这一切？

“褚时健经营哲学”这套书是考拉看看企业案例研究中心的代表作品之一。考拉看看企业案例研究中心的使命是致力于成为中国领先的案例研究中心，发现穿越时空并使企业和企业家保持长盛经营的治理原则。要实现这个理想，既要超越今天无数的管理理论，更不能被各种新颖时髦的概念迷惑。

随着研究的不断深入，我们看到周围诸多“创新”“流行”的经营管理理论，但不少理论是新瓶装老酒。这大抵就是张五常教授所描述的，我们进入了解释时代，而真正的创新尚没有到来。

我们的研究之路并不顺利。虽然其中有各种管理经典的影子，比如绩效、全面质量、精益，而真正的挑战是，历史的架构并不能还原褚时健先生的经营管理思想。对研究者而言，要想研究他与生俱来的经营思想，必须打破过去的成见，建立全新的体系和语境。

如果说《基业长青》研究的是海外企业家的群像，那么我们这套“褚时健经营哲学”则是基于褚时健多次创业、持续成功所作的深度研究和总结。

时间如白驹过隙，中国过去40年涌现了一大批企业家，每位企业家都与众不同，经历类似褚时健先生的有之，但就其成功的独特性而言，中国唯褚，世界唯褚。虽不敢说后无来者，但肯定前无古人。世界上成功的企业和企业家屡见不鲜，但是持续成功，并在多领域成为行业翘楚的却寥寥无几。

## （二）

2022年，《哈佛商业评论》将迎来它的100岁生日，这本以管理理论与实践见长的权威期刊的重要内容之一，是世界上各大知名公司的管理探索。然而，在这一超越国界的管理研究舞台上，东方企业和企业家管理思想在过去相当长的时间里却没有被过多关注。

2002年，中国某家出版社看到，“经过20年改革开放，中国与西方国家的差距正在逐步缩小”，“中国经济正与世界接轨，但中国企业的管理水平和竞争力与发达国家相比，仍有相当大的差距”，遂决定引进这本杂志。

2018年，我们开始纪念中国改革开放40周年，此时中国已成为全球第二大经济体，从德鲁克、波特到稻盛和夫，西方和东方邻国的管理思想紧随中国经济步伐，几乎成了中国商学教育的必谈话题，而我们的本土智慧才逐步浮出水面。

中国企业家缺乏思想吗？显然不是。我们非常欣喜地看到，随着中国经济的发展，中国企业家群体正在成型，企业家精神正逐渐凸显。

中国经济的辉煌成就从何而来？在中国制度创新之下，企业家用行动响应了国家的号召。那么，在共同的起跑线上，领先的企业家究竟因何领先？

这是我们关注的焦点。尤其是其中领先者，褚老当然算是标志性人物之一。

## (三)

过去数年，我们一直致力于企业管理的研究。我们组织各方力量组建了考拉看看企业案例研究中心，陆续跟国内一流机构联合设立研究机构，希望发掘并记录中国企业家思想和精神，推动这些思想和精神实现更大的普世价值。

研究企业家的精神与思想是一个独特的命题，日本和美国学者在企业研究方面均建树颇丰。不过若将这些国家的企业研究经验放到中国企业家群体身上，我们发现并不完全适用。对中国企业和企业家的研究在范围和方法上面临着新的挑战。挑战来自两个方面：一是中国多数成功的企业家行事低调，深入接触他们并不容易；二是如何在呈现其思想精髓的同时兼顾外部环境的反馈性影响，我们还在摸索。

所幸经过多年积淀，我们已经找到一些比较好的平衡点，并且形成了以下三点基本认识。

## 一、中国经济进入新场景，迫切需要针对企业家精神和思想展开系统研究

企业强则国家强。在推动中国经济的发展中，企业起着越来越重要的作用。对于这样一支重要力量的特点模式和经验启示，需要集中力量去研究，尤其是在中国经济进入新场景后，更需要形成中国自己的企业经营思想。

中国经济正在转型升级，这40年来，中国的企业家多数是摸着石头过河。东西方企业家除面临的市场环境不同之外，最大的不同则在于“出身”，中国企业家几乎都没有经过系统的商学教育，市场就是他们的战场和

课堂。

中国企业家几乎都是从实践中走出来的，是干出来的，而我们针对企业家思想的梳理又相对落后。管理学家和企业家一直在为此努力。

当下，无论是美国还是日本，对本国企业的研究有丰富的经验和历史的传承。哈佛商学院企业史研究和教学在1927年就已经开始，这也是美国企业史作为独立研究领域的发端。

中国站起来了，企业家的能力也更为强大。中国企业家走向中国改革开放第五个10年，而企业经营与管理的总结才刚刚开始，它既迫切又充满挑战。

## 二、富强自信的中国需要有自己的企业史和企业治理思想

2018年是中国改革开放40周年，2019年是中国改革开放第五个10年的开端。历经过去40年的发展，中国经济总量成为全球第二，中国企业家成为全世界最有影响力的人群之一。

按照全球500强的席位和中国经济体的成长轨迹，无论如何，中国特色企业治理形成的中国模式，在全球企业治理的优秀思想中，应占有重要席位。

目前，中国企业家思想的研究可以说是支离破碎，

既缺乏标准范式，也没有形成积淀和规模。因企业和企业家在推动社会经济发展中的重要地位，企业史和企业家思想的研究必然成为日益受关注的一个领域。

以史为鉴，富强自信的中国需要有自己的企业史和企业治理方法。在GDP的硬实力跑道之外，中国企业的管理思想是软实力的重要体现。

## 三、企业家既需要创造财富，也要进行精神传承

我们一直在探索，什么是中国的企业家精神？这种推动企业家前进的能量是如何形成一种思想体系并惠及更多人的？我们如何传承企业家精神和思想？企业家在创造物质财富的同时，对于管理的探索所形成的体系如何分享给大众？

创造管理思想的通常是两种人：管理学家和企业家。历史经验表明，管理学家更多是企业家思想内容的提炼者或观察者。

惠普联合创始人威廉·休利特回忆道："回顾一生的辛劳，我最自豪的，很可能是创设一家以价值观、做事方法和成就，对世界各地企业管理方式产生深远影响的公司；我特别自豪的是，留下一个可以永续经营、可以在我百年之后继续作为典范的组织。"

事实上，任何公司和组织都有生命周期。科学管理

原理之所以能穿透时空，长盛不衰，关键在于这种方法论可以在全新土壤里生根发芽、行之有效。

当下，正值中国企业家传承交接关键期，相比财富的交接，中国领先企业和企业家精神、思想的传承更为迫切、重要。

## （四）

中国企业波澜壮阔的发展历程和企业家跌宕起伏的生存进化为我们的研究提供了深厚的土壤，同时中国企业和企业家面临的诸多现实问题也为我们提出了全新的课题和挑战。

应时之需，管理学家、企业家和研究人员面临更为烦琐的研究挑战。我们针对褚时健先生的研究已持续多年，十分重视其具有普世价值的管理理论的总结和梳理。

结合当前深化改革的现实需要，密切关注中国企业和企业家思想的记录、研究与分享，在新形势下，我们迫切需要建立起一个中国企业和企业家思想研究的示范框架。

从中国企业发展的现实需要出发，探索其历史经验；从企业家的经历出发，记录其成长历程，探索企业家精神与思想。我们研究和记录的是企业家的智慧和经验。

“褚时健经营哲学”研究的是在中国影响众多企业家

的企业家褚时健。

未来学家阿尔文·托夫勒说，生存的第一定律是：没有什么比昨天的成功更加危险。如果他和褚时健对话，也许就会改变其观点。褚时健数次经历无比凶险的困境，但却一次又一次获得成功。

饥荒岁月，褚时健曾一枪打到两只麂子，他称其为运气。而其后的成功却显然不是靠运气，而是靠一种科学的决策和管理方法。我们一直好奇这种方法是他与生俱来的还是经过后天训练而成的。

在褚时健的管理实践中我们发现了泰勒的科学管理方法和丰田精益管理等各种管理方式的痕迹，而他本人却从未接受过这方面的专业管理训练。实际上，他的管理实践超越了先前某些学院派和企业派。换句话说，褚时健就是褚时健，他的方法自有特色。

很高兴可以通过这套书分享我们的研究成果。我们发现了诸多与众不同的经营法，且这些方法已经帮助相当多的企业获得了成功。当然，我们必须承认，我们所有的研究都来自褚时健的实践，这种实践正随新环境的变化而发生变化。我们希望提供一种可供商学研究分享的范式，作为褚时健成功经营思想的总结和传承。

目前商学教学模式主要有两种，一种偏重理论，一种偏重案例。前者首推芝加哥大学，后者以哈佛大学最具代表性。相对而言，案例教学更多地被商学院效仿。

如今，中国的企业案例研究突飞猛进，但自主创新方面才刚刚开始。

此时，我们又想起了多年前那位引进《哈佛商业评论》杂志内容的编辑说过的话，“中国企业家和管理者的学习任务十分繁重，其中，理念的突破、技术与管理的创新是关键”，引进这些内容，“就是让中国企业界和管理学界的读者们，能够有机会读到世界级管理权威们的原创作品，并通过了解和掌握这些前沿的理念和方法，在实践中探索和总结自身的经验教训，走出一条中国企业的快速成长壮大之路”。

此种希望，也是我们今天推出这套作品的想法，而与那时的不同之处在于，我们致力于中国本土领先企业家管理智慧的挖掘与分享。

考拉看看企业家案例研究中心

2019年6月

自序

# 怀念褚老并向他致敬

这是褚老离开后，我陆续写的文章的节选，代为自序。还有一些内容的节选，放到了本书的最后，作为本书后记。

## （一）

2019年3月5日下午，收到褚老仙逝的消息，心情无法形容，就是难过。

上一年有人造谣说褚老去世，多希望这又是一次谣言！再看去年写的《褚时健传》，恍如隔世。

其实很少人可以走过91年的时光，老爷子这一生跌宕起伏，苦累欣喜都有，足够精彩。上一年他刚刚完成交接班，如今也算是一种休息吧。

他曾说想把褚橙规模做到年产5万吨，树种下去了，正在茁壮成长，我想他肯定在另外一个世界也能看得到他的愿望得以实现的场景。他懂得和树说话，树也相信他，所以他可以解决那么多关于果树的问题。

周其仁教授曾拜访褚老，他后来评价道："解决问题是他的生命。"这是一语中的的评价，我认识和了解的褚老痴迷思考，并且这些思考都针对所面临的现实问题。可以说，褚老脑子里面总是装着问题，总是在不停思考，即便是在生命的最后时光。

也许他天生敏感，所以总是可以找到解决问题的方法，我认识他这8年，他一直在处理各种问题。有一年果子品质下滑，他很难过，为了提高品质，他寻找各种解决方法。最后，为了解决这个问题，他砍了很多树，很多人不理解，但相信他。后来事实证明，他是对的。

老爷子确实是新时代的匠人，胸怀大爱，不单解决自己的温饱，也照顾团队的冷暖，早年跟着他开荒的人没有挨饿；后来他去酒厂、糖厂、烟厂，跟着他的人的收入也逐渐提高了，生活改善了；晚年种橙，周围的农民都很感谢他，褚大爹是他们的天。

金杯银杯，不如老百姓的口碑。

褚老热爱生活，无论什么时候都充满激情，小时候在河里摸鱼，晚年喜欢逛菜市场，买菌子。他的云南口音很重，我最喜欢听他说“我就是要把问题改觉了（解决了）”。他说到做到。

越是接触老爷子，越会认为他的企业家形象有别于大多数企业家。他在谷底时不气馁，在取得巨大成就时，依然痴迷于专业问题，不断探索提高产品品质的方法，他一直用实际行动把企业家精神展现得淋漓尽致。

第一次与褚老见面，我想他关心农业，便给他带了北京嘉博文公司生产的有机肥，他和马老（马建芬女士，褚老夫人）都很感兴趣，聊完天，他们就着手安排拿这个肥料做试验。这是对专业的认真。褚橙的品质和他的投入直接相关，褚老从来没有停止对橙子品质提升的研究。

百闻不如一见，我一直觉得自己比很多记者朋友们要幸运很多，因为我有很多机会接触到褚老。但从现在起，我又与大家一样，成为同样失去褚老的人。以后，褚老只能活在我的记忆里，他的音容笑貌，最多只能通过往日的视频来回味，只能靠文字、想象和回忆去揣摩。

我曾在很多个夜晚梦到和他聊天的情景，往往醒来后一夜无眠。

对于研究褚老的学者，迄今为止我最佩服的就是周其仁教授，他谈道，企业经营和企业家精神的本质，是必须卓有成效地解决问题。

那么，褚老究竟是如何解决问题的呢？同样的问题，我每次见面都会问，他的答案也从来都没有改变过，他说自己就是想把事情做成。

他会一直琢磨一个问题，直到解决它。这既是术，更是道，大道至简，褚老就是一个持续解决问题的人。

他说：“天道酬勤，不勤快的人在任何时候也不会有好结果。人间正道是沧桑。人有顺境逆境，情况不好的时候不要泄气，情况好的时候不要骄傲，做人才能长久。”

## （二）

2019年3月5日，褚老永远离开了我们。当天下午我接到消息，悲痛万分，不愿相信；6日凌晨3点，我和考拉看看的联合创始人、出版人马玥从成都赶到玉溪殡仪馆，我们在门外久久沉默，悲伤不已。

灵堂诵经声中，褚老离我们那么近又那么远。他安详如睡着一般，我们数次见面，而这一次却是永别……出门寒风起，雨突然如豆下，泪已如泉涌。

褚老是对我影响至深的人，我因他而改变了人生轨迹，我们第一次见面从谈论肥料开始，后来我辞职参与褚橙的销售和推广，然后又和内容团队考拉看看一起，持续多年研究他的管理、智慧和精神。这是一套纪念他的作品，也是我们希望传承他的企业家精神和智慧的作品。

这套书数易其稿，定稿前夕，我们和褚老天各一方，不能相问。按原计划，3月下旬我们赴滇，请他审阅，而今只能留下永远的想念。

褚老是影响企业家的企业家，研究褚老的人很多，但是我可以非常自信地说，我们的研究既有独特性，也有领先性，截至目前其可借鉴性没有超越者，但我希望以后有团队可以超越。

我们是褚老二次创业的研究者、见证者和参与者，也是研究褚老时间周期最长的团队，目前公开出版的《褚时健传》（李开云、张小军著）、《褚时健管理法》（张小军、马玥著）、《褚橙方法》（张小军、熊玥伽著）等多部作品已达数百万字，而我们这套作品研究的重点方向是管理、经营和干法。

褚老的企业家精神之一是面对不确定性的笃定和坚毅。企业家精神之外，从操作层面来看，就是管理、经营和干法。

我们持续的研究所得之一是，无论在什么样的经营环境中，每一个经营者都面临许多问题，而解决问题的能力决定了经营的半径。褚老取得一个又一个新业绩的同时，依然面临种种困难，从来没有所谓坦途的时刻。

所有的成功都有迹可循，大道至简，学习是路，褚老的经营和管理之道，适合各个领域的人学习。

我们希望这套书可以让你得到一些东西，经营没有止境，无论我们成功与否，都需要持续学习。当你打开这套书的时候，我想你已经开始了一段全新的学习旅程。接下来你会看到褚老智慧的真谛，既关乎思想也在于技巧，这都是我们长期研究的成果。我们坚信，只要你领略其中一二并付诸实践，小治则有改变，大调则脱胎换骨。

最后必须说明的是，完成这套书的写作，是我的心愿，更是一群人的共同努力，这里面既聚集了专业的研究者，还包括数位畅销书作家及褚老家族的成员。

这套书是我和考拉看看多位作家联合创作的，而真正的作者应该是褚老本人，我们不过是一群搬运工或者说观察者和见证者。

关于这套书，我们希望分享的是褚老的企业家精神、使命感和奋斗不息的勇者激情，不忘初心，矢志奋斗。

我们坚信，每个人都可以学习书中的精神和方法，而且可以变得更好！

感谢褚老，感谢我所有的搭档！

感谢所有的参与者！

感谢读者！也欢迎大家给我提出意见，邮件请发送至我的个人邮箱 24973558@qq.com。

张小军

2019 年 5 月

于云南玉溪、成都考拉看看图书馆

# 目录

## 前言

# 褚时健的企业家精神和智慧

2017年国庆节，我又去了一趟云南省哀牢山的戛洒镇，到了玉溪的褚老家。每次见面，我总是会问他同样的问题——如何做企业，如何经营企业。

褚老说："做企业哪有那么难，就是要有效益。"

其实在此之前，我们已经做了数年研究，这次谈话之后，我和考拉看看在原来研究的基础上，单独组建了一支研究队伍，由资深的财经作者和科班出身的研究员组成，专门研究褚时健经营哲学。这里面包含的研究方向比较多，比如经营、战略管理、做事方法、人生哲学等，其中最重要的一个大前提还是——为什么褚老制糖、做烟、种橙都能获得巨大的成功？

## 做企业就是要有效益

为什么褚老制糖、做烟、种橙都能获得巨大的成功？如何做企业才有效益？

在我看来，回答清楚这几个问题，就能够总结出褚老的经营哲学。如果能习得一些褚老的智慧，我想你的人生就会发生很大的改变。

第一次见到褚老是在我犹豫要不要去创业的时候，转眼间已经过去数年，后来我又参与到褚橙的销售和推广中，然后自己管理公司。每当我感到十分困难的时候，褚老的精神和指导是我的动力，就像一个人在黑暗里摸索时，看到前方有一束光。

回想接触褚老、马老（马静芬女士，褚老夫人）及褚总（褚一斌先生，褚氏农业的操盘手，褚时健之子）的点点滴滴，前后也有8年的时间了，这些接触及系统研究构成了我们理解和认识褚老的企业家精神和智慧的基础。

多数时候，褚老不接受采访，也不怎么对外讲述他的事情。但如果他开口，用流行的词来概括，那就是句句干货，他既能看到事物的本质，也会直言不讳。

“做企业就是要有效益”，这句话在我们后来研究其他企业的时候，以及对标自己的企业管理时越来越觉得是真理。

企业如果无法创造价值与产生效益，那么企业生存的根本和价值又是什么？

学理上关于企业诞生和发展的研究有很多，比如诺贝尔经济学奖获得者科斯用交易成本理论回答了为什么会出现企业。周其仁教授说过，所有经济活动的本质都是花最小的成本去获取最大的利润，企业经营背后的逻辑是一条先抑后扬的成本曲线。

这些学理研究都是在讲企业中成本的重要性，与褚老的理解不谋而合。

静下来思考，正如褚老所说，企业经营没那么复杂，化繁为简，抓住本质，把效益搞上去，这是褚老经营企业的思维方式，也是他总能把濒临亏损的企业带出泥潭，把看似不可能成功的产品做到行业领先的原因。

这种思维方式即是褚老的商业智慧，妙不可言，不可言说。

20多年前，作家汪曾祺评价褚老道："我一向不大承认什么'企业家'，以为企业管理只是'形而下'的东西。自识褚时健，觉得坐在我身边侃侃而谈的这个人，确实是一位企业'家'，因为他有那么一套'学问'，他掌握了企业管理中的某种规律，某种带有哲理性的东西。"

由此可见，正是这些所谓的"某种规律""某种哲理"构成了褚老的经营哲学。

## 战略眼光

众所周知，很多伴随改革开放发展起来的这一代企业家对褚老是有精神崇拜的，普通老百姓亦是如此，尤其在云南，这种崇拜的很大基础是源于感激。

在20世纪八九十年代，“红塔山”在国内外产生了巨大的影响力，中国人将它看成是打败洋烟“万宝路”“555”的民族品牌，年轻人会在工装的口袋里故意放上一盒“红塔山”，以显示自己的身份。外国人会讲道，中国最佩服的企业家是褚时健，美国纽约时代广场上的广告是：抽“红塔山”就像吃中国饺子。

事实上，“红塔山”在巅峰时期创造的奇迹还不止于此，褚老被冠以“中国烟王”的背后更多的是“红塔山”对于整个行业和国家的贡献。1994年底，全国卷烟行业总共有9家卷烟厂利润总额超过亿元大关：第一名玉溪卷烟厂60.94亿元，第二名上海卷烟厂9.49亿元，而后是长沙卷烟厂7.59亿元，昆明卷烟厂4.29亿元……玉溪卷烟厂的利润总额，远远超出处于第二位的上海卷烟厂，差不多是跨过亿元大关的8个卷烟厂的利润总额。[①]此时，玉溪卷烟厂给国家贡献的利税总额达150多亿元。

褚老对国家和行业的贡献很大，尤其对感受到实惠

---

① 程永照，李辉．玉烟天下[M]．北京：人民文学出版社，1996.

的玉溪人来说，因为他把当地经济带动起来了，大家的生活好了，这是实实在在的变化。

但凡企业家，都有做大做强的梦想。褚老也不例外。我一直很好奇，卓越企业家的战略思维究竟从何而来，敢想敢做的逻辑判断是如何作出的？

在1993年与1994年，“红塔山”将中国烟草带入一个新的发展阶段，先是一场产业升级，1993年12月，褚老开启了让世人震惊的当时世界最大烟厂建造工程——关索坝工程，造价40亿元，占地约1000亩，目的是解决产能问题。当时的报道称之为增加名烟数量、提高名烟质量的关键。此时的褚老已经将名烟战略作为企业发展的主要战略方向，在洋烟大举东进，国内烟草行业低端产品过剩、高端产品短缺的形势下，他力排众议，坚定地打造了关索坝这个世界级大厂。

大约20年后，2015年，我和褚一斌先生从昆明去龙陵基地，他没带助手，我们轮流开车。路上谈到这个事情时，他依然对老父亲的战略眼光赞叹不已，他说：“关索坝是一场产业革命，它实现了全自动化，有非常先进的仓储、物流体系，并且做到了产品的可追溯，本质就是实现了现在流行的物联网。”

再就是云南红塔集团总公司成立，褚老担任董事长。在这段时期褚老显示了一个战略家的思维，从投资澜沧江水电站，到投资银行、医药、高速公路，褚老看到的是，在中国经济的快速发展中，能源问题可以说是发展的“咽喉”，谁控制了能源，谁就能拥有整个市场。在西部大开发、西电东送的大背景下，褚老果断决定开发建设大朝山水电站、大黑山电站、阳宗海电厂和曲靖电站厂等，这些板块的布局到今天仍然产生着巨大的经济效益。可以说，“红塔山”真正实现了响彻一方，为国效力，造福百姓。

这些都是往事。他的最后一次创业，是褚橙从0到1再到100的过程，可以说其所在行业是一个典型的传统行业，并非什么爆发式的新经济。而能从传统行业里杀出一条路，并且一骑绝尘，这绝对需要智慧。

## 劳动生产率和产品质量

褚橙的成功是褚老企业家精神和管理成功的典型范本，褚老是企业家，也是创业家，在大农业这个圈子里，他做了很多开创性的管理实践。

今天，“红塔山”像是一个记忆刻在上一代人的脑海里。当下年轻人对褚老的认识绝大部分来自褚橙，2012年褚老种植的褚橙被冠以“励志橙”成为爆品以后，年轻人开始熟悉这位老人的传奇故事。

到底是褚橙好，还是褚老的精神力量强，在很长一段时间里，都成为行业的话题。在我看来，这很难割裂，褚橙的成功很难复制，但是褚老的管理思想可以学习。

如果说在“红塔山”之前，褚老收获的一些规模小的企业成功不足以构成他整个经营思想体系，那么，“红塔山”这段历史是他商业智慧形成的主要时期。“红塔山”到底是如何成功的？这个命题我们需要回到当时的背景中去解答。当然，褚橙的成功并非是“红塔山”经验的翻版，人与管理都需要与时俱进，不同时期面临不同问题，但面对问题的勇气、逻辑和方法自然连接。多数时候，我们说失败是成功之母，而在管理上，褚时健开创的则是成功是成功之母的新路径。

根据褚老在1989年第三届全国优秀企业家（金球奖）颁奖会上的讲话，我们可以看出，玉溪卷烟厂1979年时还是一个破败不堪的地方小厂，连年亏损，库存很大，有“红梅红梅，先红后霉”的说法。短短10年时间，年卷烟从30万箱达到113万箱，利税从不足1亿元达到20.3亿元，累计创汇1.91亿美元。

什么力量使玉溪卷烟厂在短短的10年间发生了这么大的变化？

褚老从两个方面分析。

首先是借助打开国门、对外开放之机，进行全面技术改造，大胆引进，积极消化。

其次是紧紧抓住国有企业实行经营承包，企业自主权逐步扩大的有利条件，通过不断深化企业内部改革，实现经营之道和企业形态的转变。自1982年实行承包后，在完成国家指令计划的前提下，有了一定的自主权，然后又实行工资总额和税利挂钩的分配方法，1988年全国13个名优卷烟放开价格，实行优质优价。为了使产品在市场上站稳脚跟，抓好原料生产，“第一车间”大胆投入，用治本的方法解除后顾之忧，为烟农实行系列化服务，① 完成了企业由封闭型向开放型的转变。

经营之道的转变实际上是褚老在产品质量上的突破，略为熟悉褚老人生经历的人都知道，他从烤酒到管理糖厂，然后到烟厂，再到褚橙，抓住的是管理的支点——质量。

如何提高质量？依靠系统和流程。质量是可以严格考核的，但最终还是要回到人的管理上来，比如提高劳动生产率，让效率最大化。

褚老认为，企业搞不好的重要原因之一是没有让消耗最低、质量最好、劳动生产率最满意，这几点被人们总结为褚老的特殊“管理基因”。

有关提高质量，从褚老砍树的案例可以一窥究竟。有一年，褚橙质量下降，他找到的原因是种植密度太高。十年树木，褚老一声令下，要砍掉几十万棵树。这要勇

① 观点来自褚时健在第三届全国优秀企业家（金球奖）颁奖会上的讲话。

气，也要自省，背后的真正逻辑在于对品质的极致追求。

我曾请教他创业的方法，褚老回答我说："你先小范围去试，试验成功了再复制。什么是成功呢？就是先把质量搞好，然后把市场搞好。怎么样才能把质量搞好？你自己要有信心，一定要解决问题，一个一个解决问题，不要怕问题多，坚持解决。"

1994年7月，褚老回答《东陆时报》记者问题的时候也提出，企业失败的原因就是劳动效率太低，比如装备不行、工人技术差、原材料受限制等，首先要把生产效率搞好。

褚老也是这样做的。1981年引进第一台MK9-5卷烟机、1989年底先后投资2.5亿元，引进20世纪80年代世界一流水平的95台卷烟设备，实现了自动化和机械化。

今天去看褚橙基地，背后有很多技术的支撑，传统的如滴灌，还有专门研究省力化的部门，总的目的就是想办法提高劳动生产率。

劳动生产率的大幅提高为产品质量的提高提供了最基础的前提条件，这些从褚老在糖厂钻进炉灶研究用煤、在烟厂解决原料问题、在褚橙的标准化管理中采取的很多措施中都能看出来，本书在稍后会陆续介绍。

我们甚至可以这样说，在褚老的管理思想中，他思考和实践提高劳动率的案例有很多，他取得的成功也与这些思考和实践直接相关。

## 为什么能成功

如今创业成功很难，要做出一个成功的案例是非常不容易的事情。褚老少年时烤酒，革命时期征粮，把戛洒糖厂扭亏为盈，将“红塔山”做成全国第一，晚年种橙成功。尽管这些管理和创业都集中在广义的大农业范畴内，可是在大农业这个领域，褚老面临的是不同情况，他过去的知识和经验储备在面对新的问题时，可以说是毫无用处，那么，褚老身上究竟有哪一种特殊的能力，能让他连续在几个领域都做到领先？

企业的成功离不开经营者的思维，那么，褚老成功的背后具有怎样的思维？

我们在与褚老多年的接触中发现，褚老与诸多伟大的企业家一样，有着共同的商业智慧，他自己的总结即“办企业要有效益”，具体体现为三个方面。

第一，从企业到个人都是经营思想的主体。

二人同心，其利断金，一群人同心会如何？褚老的经营是人企合一，人和企业都是经营思想的主体，也正因为如此，所有人在他的带动下全力以赴。

1979年，褚老刚到玉溪卷烟厂，面对破败不堪的工厂，他意识到一定要寻求突破。但他心里清楚，企业变革的前提是人的思想变革，那时正是20世纪七八十年代的计划经济时期，烟草行业更是管束行业，大锅饭和平均主义盛行，人的思维意识非常落后与固化，工人长期懈怠，别说经营意识，就连搞生产也都麻木僵化了。

“要想把企业做好，就要让职工把企业当成自己的家；而要人把企业当成家，首先领导要把人当人看。作为厂长，一定要公正，将心比心，将人当人。你公正不公正，职工心里清楚。”褚老说，“人财人才，人是核心，只有抓住人心，才能发掘人才。”①

褚老做的第一件事就是不断进行思想教育，鼓励大家竞争，他用在戛洒糖厂的实例说明，人人积极搞生产，企业效益就会好，大家的回报就会高。他向工人传递“铁饭碗的人都羡慕戛洒糖厂的工人收入高”的意识。有一次，他对我们说：“糖厂的工人生活改善了，大家本来一个月吃1公斤肉，由国家供应，而我们可以每个人吃6公斤。吃6公斤其实钱还交得少了，大家都高兴，大家愿意多干。”

1981年，褚老先后推行了“浮动计件工资制”和“单箱卷烟工资奖金含量包干制度”，制度规定了员工的工资总额随产量浮动，多干多得，少干少得，质检不合格的要实施扣罚。这样一来，竞争与激励之下，工人的

① 李开云，张小军．褚时健传[M]．北京：石油工业出版社，2018．

积极性也大大提高了。

如今我们看来，褚老当时的举措实际上解决了两方面的问题，一是生产环节的竞争机制；二是销售倒逼的经营意识。工人奔着优质香烟的目标去工作，直接能激励到个人。

思想意识的转变，加上机制创新，玉溪卷烟厂工人的经营意识上来了，企业也快速发展起来。

在褚橙基地的管理上，我曾写过一篇专门研究利益机制的论文，我在这篇论文中详细分析了褚橙基地的利益连接机制，褚老是这个机制的设计者，这个机制最重要的逻辑是利益的动态平衡和各方主体的深度捆绑。

经营企业我们也可以理解为经营的是一群人，一群通过梦想、使命和利益连接在一起的人。

第二，投入最小，产出最大，劳动效率最高。

商品经济发展到今天，归根结底就是低买高卖，商业的逻辑从以物易物到今天的虚拟交易，都是如此。办企业要有效益，也就是投入产出比最大化。如果褚老给你算褚橙的财务，他可以算到每个果子的投入产出比，很多人管理企业是不是都可以算到这么清楚呢？

办企业，凡事都要计算投入产出比，褚老从酿酒时就深谙这一道理，到做烟与种橙，别人说他是一个精算大师，在我们看来，这是他总能获得成功、看透商业本质的一种能力。

管理大师拉姆·查兰说道，企业家的商业智慧体现在抓住了企业经营的根本要素。他在研究世界级成功商业领袖的商业智慧时总结，像杰克·韦尔奇这样的CEO，都拥有一种运营企业的能力，其中包括六个关键要素——现金净流入、利润（率）、周转率、资产收益率、业务增长和顾客。

如果说六大要素指标偏方法论，那么褚老办企业的成功之道是以企业始终有效益为目标，围绕目标去改进。如何做到？先从投入方面改进，比如，到戛洒糖厂时，第一天吃过午饭，他就开始研究，当天就看懂了投入大的原因是燃料消耗过高，每斤糖消耗了5斤4两褐煤，这个量是很大的浪费，通过改进，褚老改到了1斤8两，原来1斤红糖需要5块钱的成本，现在只需要不到1块钱。

再看产出，3个滚筒压甘蔗榨糖，褚老改成了12个，压到3次不出糖了以后，继续喷水，喷水两次，再压4次，100斤甘蔗的产糖率原来只有9%，改进后达到12.4%，投入小了，产出大了，企业的效益就上来了。

经营的意识由此慢慢形成，到做烟时更是发挥得淋漓尽致，通过设备引进、技术改造等提高劳动生产率，降低投入，使利润达到最大化。

王石第一次见他，就评价说，褚时健是一个“精算师”。

褚老发现美国橙类的平均产量是2.5吨/亩，中国的平均产量约是1吨左右/亩，而云冠橙（即褚橙，褚橙先前的品牌名字为云冠橙），在保证产品品质的情况下亩产能够达到5吨，这就需要精算。①

褚老还有一句名言，他说有多少能力做多少事，有多少资金干多少事情。消耗最低、质量最好、劳动生产率最满意，企业才能做好。

计算成本，深入理解劳动生产效率，这已经不是成本线，甚至可以理解为经营线。

第三，卓越的领导者和有所作为的精神。

褚老离开我们以前，很多人通过我们希望能去拜访褚老，我自己很大的感受是，和褚老在一起的时候，所有我们碰到的问题，好像都不是什么问题。这是他自带的一种强大气场，也是一种领导者的气质。

对于一个经历过大风大雨，依然持续向前的人来说，所有的问题其实都不过是阶段性的考验。

“红塔山”时期，接触过褚老的作家和记者都对他有一个评价，褚时健做事情的态度极为坚定，作家先燕云在20年前的《太阳般的汉子》一文中写道：褚时健爱干事，干事还爱干好。汪曾祺写过褚老，称“褚厂长是个人物，面色深黑，双目有神，年过六十，精力充沛，说

① 李开云，张小军．褚时健传[M]．北京：石油工业出版社，2018.

话是男中音，底气很足，他接受采访时从从容容，有条有理，语言表达准确、清楚、简练，而又不是背稿子。他说话从不带一张纸……谈的都是实际问题”。①

同时，褚老身上又有一种天然的领导者气质，他有担当精神，勇于冒险。办厂期间，他做的第一件事就是改善职工的生活条件。当力排众议第一次从国外引进设备时，他毫不犹豫地签下责任状。而在大胆授权下级管理时，他有一句经典的话，“出了风险找褚厂长”。

作为领导，是担当，是责任，也考验技巧。比如褚老自己说，领导者要做好管理，必须具备权威性，领导要先成为内行，就必须从各个细节上去钻研、学习，每一个环节都做到了然于心。

用他的话说：“有人问我到底要干到哪一步？以一个人的事业，一个集体对国家的贡献，我们还有距离。”②

“老伴都是属牛的。其实我们并不属牛，只是有牛的性情。也就是说，我一辈子都要干事情，任何境况下，我都要有所作为。只要活着，就要干事，只要有事可做，生命就有意义。”

这是褚老的原话，也是他实践的缩影，他一直在追求有所作为。

---

①② 林栋．十五日夜走滇境——《红塔山笔会》纪实 [M]．北京：中国文联出版公司，1992．

## 开启褚老经营思维旅程

褚老是一位经营大师，似乎有与生俱来的经营能力，可是这种能力究竟是后天习得的，还是与生俱来的呢？

领导力之父沃伦·本尼斯提出，领导力不是一系列天生的特质，而是持续一生的自我探索的结果，这个自我探索的过程让人们成为更完整、更圆满的人，成为对自我有清晰觉察，并能激发他人最佳潜能的人。①

本书探究褚老经营的哲学体系，从他粗具经营意识开始到最终商业智慧形成，以及方法论体系，共分为三大部分。

第一部分讲述褚老的经营者思维的萌芽。他儿时就具备生存意识、学习、冒险等企业家精神；他承担家中重任烤酒及征粮时表现出来的经营、管理、战略方面的智慧；他的经营思维还体现在从小规模企业戛洒糖厂到玉溪卷烟厂成为行业第一的过程。

第二部分写的是褚老经营的方法论体系。褚老的经营方法在于计算成本、设备改革、原料改革、机制改革、流程改革，直至玉溪卷烟厂成为行业第一、利税大王。

第三部分写的是褚老种橙后成为精神领袖，带领农

① 沃伦·本尼斯．成为领导者[M]．徐中，姜文波译．杭州：浙江人民出版社，2016.

民走向致富，促成了中国农产品品牌意识的觉醒，这个阶段是他的经营哲学体现的阶段。

现在让我们开启第一个阶段，从褚老的经营者思维开始。

# 第一部分

# 经营者思维

心无外物。一个人是否有经营者的思维，其实还是从内心开始的。

褚时健说："我几次几乎要死，临死前想到了生。我明白一点，人在任何时候，精神都不能垮。"

理解褚时健的经营者思维，还是要回到他的经历中去，然后结合他的内心世界，我们会看到更加清晰的褚时健，也才能更好理解经营者的思维。

褚时健先生是一位超级经营者，很多人感到不可思议的是，他为什么能够想出那么多经营办法？他是怎么看到的？他是如何想到的？

我们认为，一方面，这和他本人丰富的阅历和经验有关；另一方面，从本质来说，他从正确的思维出发，才做出了正确的决策，从而想到了正确的办法。在一个人的行动背后，是思维在起作用。人在思考问题的时候，都有一定的路线，有的人发现了适合自己的路线，通过有意或无意地刻意训练，就能更高效地达成目标。相反，有的人没有找到合理的思维方式，就很容易陷入混乱的状态，找不到本质所在。

从褚时健的经营行为中，我们可以发现四种重要的思维：生存思维是褚时健思考经营问题的原点，也是底线；战略思维强调长远目光，是企业可持续发展的保证；平衡思维和创新思维是他在经营过程中最具特点的两种思维。关于这四种思维在经营中的运用，接下来的章节中我们会逐步分享。

第一章

# 生存思维

20来岁我就打过游击，在战场上最不怕的就是死，面对危机我要能把它处理掉。遇到挫折的时候，不要消极对待，要积极对待，一定要心宽。我在七十四五岁时怎么想起来搞这个苦差事（种植橙子），在某种意义上可以说因为我们的处境，我的生活没有来源，我只有一条出路，必须要搞成功。

——褚时健

褚时健说："做企业哪有那么难，就是要效益。"而华为的任正非说过，活下去是企业的硬道理。两位企业家不在同一个行业，但有共同认识。

对于企业的经营者来说，首先应该考虑的，不是追求企业的规模，也不是追求企业的发展速度，而应该是——如何让企业活下去。

统计数据表明，中国每年约有100万家企业倒闭，平均每分钟就有两家企业倒闭。中国4000多万中小企业，存活5年以上的不到7%，存活10年以上的不到2%。换言之，做企业多数面临的是败局，而不是胜算。

生存第一，是褚时健经营思维的第一条。无论是少年时期的个人生活，还是后来经营企业；无论是在极度困难的童年，还是在被错划成"右派"的艰难岁月；无论是在中年经营烟厂的时候，还是在晚年经营橙子的时候……无论生活多艰难，无论现实多复杂，在他的意念里，活下去就是胜利。

## 首先是活下去

活下去的感悟，是从“死”得来的。

褚时健的一生，数次与死神擦肩而过。

20世纪30年代的南盘江，水质清澈见底，鱼儿成群。生于1927年的褚时健是喝着南盘江的水长大的。他比同龄人的皮肤更黝黑，身材更矫健，这与他童年时代喜欢在山林间奔跑玩耍有关。五六岁的时候，他已经能够跟同龄人甚至比他大好几岁的孩子们在南盘江里游泳、摸鱼。他生性好强，即使跟着一群大孩子，也毫不示弱。

有一次，褚时健与一群比他还大的孩子们在南盘江中比赛抓鱼，看谁抓的鱼最大。为了抓到更大的鱼，他在村子门口的江边游出很远，下潜得也比别人深。忽然，他发现了一条约莫十几斤重的大鱼。如果能抓住它，那就是当之无愧的游泳大王。想到这里，争强好胜的褚时健忘记了危险，紧紧地抓住大鱼的鳃部，想要将它捞出水面。然而，这条体形庞大的鱼哪肯轻易就范，拖着他幼小的身躯不断朝深水区下潜。褚时健几次想要用力，都拗不过大鱼，反而越沉越深。情急之下，他决定随波逐流，抓住鱼鳃的手不再像先前那样用力，而是跟随大鱼一起游动。自以为摆脱控制的大鱼又开始朝水面游去，褚时健也跟着浮出了水面。此时褚时健感觉体力不支，一连灌了几口水，无法呼吸。

危急关头，褚时健的一个表哥在岸上见此情形，一个猛子跳入江中，将他救了起来。褚时健赢得了比赛，也赢得了“游泳大王”的称号。享受着伙伴们羡慕的眼神，听着伙伴们无尽的赞誉，褚时健却高兴不起来。只有他自己知道，别人赠予的桂冠下面暗藏着多少惊心动魄。

褚时健一生中还曾遭遇洪水和病魔的袭击，危急关头，他总能与死神擦肩而过，幸运而又顽强地生存下来。

到昆明读书的时候，他曾亲眼见过别人为了生存而活的场景。那是1944年的冬天，在昆明城郊读书的褚时健到城里的西南联大去找堂哥褚时俊。在一条小巷里，堂哥带着他去拜访闻一多先生。褚时健永远记得见到闻一多时的情景：昏暗的油灯下，闻一多正埋头篆刻印章。褚时健万万没有想到，闻一多先生为了生存，为了活下去，竟然住得如此简陋，房间里还悬挂着“闻一多治印”的招牌，通过自己的手艺来赚取一家人的生活开销。

此情此景让褚时健对“活下去”三个字有了更深刻的体会和感受。

后来褚时健搞褚橙，他自己说是一步一步来的，不要想一口就吃出一个胖子，量力而行，先要活下来。

其实褚时健为人处世、经营企业，都牢牢地遵循着这条原则。当他在部队征粮的时候，别人都完不成任务，褚时健却通过自己的办法，超额完成了任务。他的秘诀是，站在对方的角度着想，要给别人创造一条活路，让他们能够生存下去，征粮任务就能完成。褚时健明白，“生存第一”不但是对自己说的，也是对别人说的。不但让自己生存下去，也要让对方生存下去。站在对方的角度考虑问题，合作的时候就会有很大的余地，做起事来也会很轻松。

活下来看起来是一个目标，其实是经营的哲学。所谓活下来，不仅是自己要活下来，还要帮助别人活下来。比如他被下派到农场的时候，为了自己能活下来，开始时独自去开荒，后来带着村民一起开荒，大家都活了下来。

“我一直对与我打交道的合作伙伴也好，朋友也好，都有一个心理，那就是怕亏了人家。这个习惯我一直都有。”

## 学习永动机

褚时健其实并没有经过系统和专业的商学训练，他既没有在商学院学习的经历，也没有师从某个企业家进行专门学习，他更多的是自我学习。

9岁那年，褚时健第一次踏进学校，就读于禄丰村车站小学，是当地方圆几十公里最好的学校。那是一所建立在山壁上的学校，条件简陋，只有几间教室和一个操场。山壁下有一个车站，人来人往，交通便利。褚时健在学生时代表现出了高超的记忆能力，老师所讲的课文都是文言文，要求背诵每天的课文，他总是抢在别人前头背诵完毕。

褚时健还有一个强大的本领：学以致用。在他看来，只是简单地将书本上的知识背下来，如果不加以运用，知识就是死的。在此后漫长的人生经历中，褚时健一直在生活中学知识，在生产中用知识，一生都不忘记学习，这让他拥有了不一样的人生。

褚时健的父亲做着木材生意。课余时他是父亲的帮手。被收来的木材会用来做矿坑里的支撑木，所以对每一根木材的外观和质量都有不同的要求。褚时健在父亲的指导下，对每一根木材进行验收。在验收过程中，他学会了如何判断一根木材的好坏，如何识破木材商人以次充好的诡计。褚时健第一次见识了教室和书本里不能见识的领域——人心。所以后来他说，看一个人，就看一个人是把事情做好还是做坏，等他做了两三件事后，就可以肯定他是好还是坏，所以，考察人一定要看这个人把事情做得怎么样。

随着弟妹增多，家庭变故，褚时健不得不过早地担起生活的重担。为了照顾家庭，他逃课次数日渐增多。褚时健回忆说，自从上了高小之后，成绩就下滑得厉害。1943 年，小学毕业后，褚时健放弃学业，回到农村，种田耕地，插秧打谷，干起农活，承担起家庭和生活的重担。

一个偶然的机会，褚时健的堂哥褚时俊从昆明读大学回到农村。堂哥的一席话让褚时健猛然醒悟过来：“难道你要一辈子都待在农村吗？”堂哥成绩好，考上了西南联大，是村里第一个大学生，也是褚时健的人生榜样。听了堂哥的话，褚时健深受触动，最后回到学校继续读初中。1944 年 8 月，褚时健来到昆明，成为富春中学的一名学生。在这里读了一学期之后，他听从堂哥的建议，转学到了当时很有名气的龙渊中学。

1947 年，考上高中的褚时健，最终并没有读完高中。时局动荡，已经安放不下一张小小的课桌。和当时的许多进步青年一样，褚时健投身于争取民主和自由的活动中。他参加了进步青年团，喊着口号，整日游行闹革命，自此，他青少年时期的学习生涯画上了句号。然而，在此后的人生道路上，他一直没有停止学习。

他学习各种生活技能。少年时代学习游泳、捕鱼、酿酒，青年时期学习开荒、种地、喂猪，中年时期学习烤烟技术，晚年学习种橙……他的一生，是学习的一生。

比学习本身更重要的是学习的意识和能力。离开学校的褚时健并没有放弃学习。此后，在他波澜壮阔的人生经历中，学习始终伴随着他。在褚时健看来，学习精神与学习能力是一个人成就一番大事的必备条件。

褚时健在晚年创业种橙的时候，他看的是很多早期出版的关于种植橙子的书，有些书都被他翻烂了，他一边研究一边改良，最终把传统的冰糖橙带到了全新的味觉高度。

这种学习能力超乎常人，当然他的学习是为了解决问题。他曾说过：“不看书精神不充实，不看好书的人不会做人。”

## 炼造冒险家

有人说中国第一代企业家，他们运气好，赶上了市场的春天，人有多大胆，就有多高产，敢想敢干就能成。我们必须承认，企业家拥有超乎常人的冒险精神，但是这种敢想敢干背后是有逻辑支撑的，不是简简单单的勇敢。否则，为什么和褚时健同时代的一些创业家开始很成功，却不能持续成功呢？为什么褚时健总是能成功呢？这显然不仅仅归因为运气和大胆。

当然，褚时健的确是一个大胆的人，他有超乎常人的胆量，不懂酒去酿酒、不懂糖去抓糖、不懂烟去管烟、不懂橙去种橙……这里面有组织的安排，也有他自己的选择。尤其是晚年种橙，是他内心的不服输精神，令其再次出发。

在戛洒糖厂的时候，他想要节约燃料，增进产出，改善锅炉构造。然而在此之前，他从来没有学习过这方面的知识，只凭一腔信念，就一头钻进了锅炉中。没想到锅炉里的温度太高，刚一进去，头发眉毛都烧着了，吓得旁边的两个工人赶紧将他拉了出来。工人们都劝他别再犯傻，他偏偏不听，经过琢磨和努力，最后硬是成功改造了锅炉，达到了目的。

冒险不是瞎干，不是蛮干。具有冒险精神的人内心不会恐惧，在面对困难时他们会放手一搏，即使偶尔感到恐惧，他们也会在短时间内调整好，重新投入战斗。他们会接受挑战，充满信心地勇往直前。

在经营活动中，敢于冒险是优秀企业家必不可少的素质。风险系数越高，相应的收益也会越大。我们在研究企业家精神时发现，许多敢于冒险的企业家并非天生如此。他们有丰富的冒险经验，所以看起来比别人胆子大，更愿意承担风险。实际上，他们的每一个大胆决策都是经过深思熟虑而为之的。

褚时健也不例外。他的冒险精神是在一次次危机中形成的。只有见过风浪，才能在险境面前稳如泰山。

1949 年 5 月，正是新中国成立前战火纷飞的岁月。褚时健所在的部队改编为“中国人民解放军滇桂黔边纵队第二支队”，正式进入中国人民解放军的战斗序列。战斗结束后，褚时健凭借机敏、不怕牺牲的精神，被提升为连指导员。

在一次战斗间隙，褚时健和一个勤务兵及几个战士一起到村后的小学操场打篮球。中午时分，几个人正准备吃饭，突然一发迫击炮弹呼啸着飞了过来。褚时健愣住了，不知如何是好，一个老兵飞起一脚，将褚时健踢出老远。炮弹在褚时健刚才站立的地方爆炸了，要不是老兵将他踢开，恐怕他早就牺牲了。后来，他才知道，是这个老兵经验丰富，通过炮弹的呼啸声，辨别出炮弹飞来的角度和方向，从而让褚时健逃过一劫。

突如其来的炮弹扫了大家吃饭的兴致。褚时健决定带领大伙去阵地走走。阵地上一片死寂，安静得让人害怕。褚时健从空气中嗅到了一种异乎寻常的危机，绕到阵地背后仔细搜索，发现一队敌军正悄悄地摸上来想要偷袭。来不及多想，褚时健跟大伙一道，打了敌人一个措手不及，敌人以为中了埋伏，丢下几具尸体，匆匆撤回。

以后每每回想起这件事，褚时健都觉得那是老天在冥冥之中帮他。他当时并不知道危险的存在，全凭一种直觉、一种感知，从而得以扫除危机，幸存了下来。回想这次事件，他心有余悸地说："真险啊！"

1960年，褚时健在农场改造，农场没有粮食，人们吃不饱饭，他充分运用知识技能，捕鱼、打猎、采摘野果，想方设法填饱农场人的肚子。农场位于一片江边的浅水滩，从上游砍伐下来的圆木，流到浅水滩时，必须通过人力将这些圆木拖运到岸上去。在一次打捞圆木的过程中，褚时健由于饥饿体力不支，无力将圆木拉到岸上去，反而被木头拖着，随着水流一起向险滩漂流而去。

在险要关头，褚时健想起妻子和孩子，不知哪来的勇气，他拼尽全力最后一搏，克服恐惧，终于爬上了岸。

劫后余生的经历，让褚时健身上有了一种与生俱来的冒险精神。但他的冒险，其实都是很有把握的出击。

比如他说，开始做企业之前，先要评估一下，自己要有七八分把握才能做。最怕盲目，盲目把事情做坏了你都搞不清楚原因是哪个。

“一件事，一点不懂，我不敢干。我学了七八成，有七八成的把握，才敢干。我考察了水果市场，外地送来的冰糖橙很贵，本地的便宜，但产量少，我就想，除了天灾，总能整成。”

我们可以看到，所谓的冒险，其实还是有所准备的。他考察了市场，也有管理烟草种植的经验，这些都是他冒险的基础。

在褚时健的经营时间表里，打破烟草管理体制，独创“三合一”管理体制，很多人认为这是冒险；已经年过七旬的他开荒种橙，很多人也认为这是冒险。然而，褚时健不曾畏惧，凭借冒险精神，一次又一次地达到了新的人生高度。

## 第二章

# 平衡思维

经济效益上有一个动态关系，它反映的是投入产出比，这是一个动态模型，不能只强调收益，也不能只强调成本，而是寻求一个最好的比值。商品生产要讲究效益，干什么事情都要算成本，不是一味压缩成本，而是计算利润，计算效率，要有商业经济的意识和良好的技术，价值才会最大化。

——褚时健

褚时健的经营中，无论是市场要求他，还是他引导市场，他的平衡都做得非常好。比如在褚橙的种植过程中，平衡农民与公司的收支，平衡经销商与公司的利益，在这些需要平衡的管理项目背后，是经营企业的平衡思想。

1938年，被誉为现代管理理论之父的切斯特·巴纳德，在其书《经理人员的职能》中提出一个著名的现代管理学理论，即动态平衡理论。巴纳德认为，在进行管理时，沟通是最为关键的因素，而协调是增强组织内部人员凝聚力的主要途径，协调过程中最为关键的一步是组织成员内部实现贡献与满足的平衡。

巧合的是，在同一时期的东方，青年褚时健正在践行这一理论。1950—1953年，褚时健先后负责了征粮和退租减押工作，面对农民、地主与政府三者之间错综复杂的关系，他巧妙地通过平衡各方利益圆满完成了工作，并得到普遍的正面评价。很大程度上，这两次运动促进了褚时健对平衡的理性探索，“平衡思维”成为他一直沿用的经营思维。

## 平衡各方需求

理解一个人的经营思想，需要理解他这个人的历史，尤其是他早期的经历。一个人的经历决定了他会成为什么样的人，如果把一个人的经历看作是命运，那么出生是命，而经历是运。命运要很好发展，不能失去平衡。

褚时健经历过新旧政府的更迭，这也是一段非常经历，这段经历对他影响极大，如果说少年的奔波是为活下来，那么这段经历则让褚时健更加理解生活和经营一样，必须要善于平衡。

1950年2月20日，陈赓等率领第二野战军第四兵团进入昆明。部队遇到的第一个问题就是缺少粮食。数十万大军的吃饭问题是当时云南省政府的第一大问题。

云南省第一任省委书记宋任穷在动员大会上要求从3月起，用4—6个月时间征收粮食。

这时褚时健所在的部队刚刚进行整编，很多队员因为对本地比较熟悉被分配到地方政府工作，而他被派往云南省昆明市宜良县。面对紧急且艰难的征粮工作，他的连队指导员的身份迅速转变成了宜良县南阳街乡墩子村的征粮组组长。

当时征粮的工作主要有两个难点：

一是农民不配合。因为旧政府当年已经征收过农民的粮税，即使发生了政权的变更，农民朴素的观点也认为，一年只应该交一次粮税，所以这次征粮被农民称之为“二次征粮”。

二是在刚刚和平解放的云南，各种势力鱼龙混杂，还有土匪武装等盘踞在云南境内，军队刚刚接手地方工作，此时的群众基础还比较薄弱。

最开始的征粮方案是由上级统一决定的，紧接着任务逐级分下去，一直到村到户，核心原则是根据农户土地的多少决定征粮的数量。但是哪怕是当地较为富裕的家庭，也只不过是家庭条件稍微好一些，并没有太多的存粮。尤其在反动势力的鼓吹下，一些群众基础薄弱的地方出现了反征粮行动。

不过此时在宜良县的褚时健任务却完成得十分顺利，当时规定一个村的征粮工作完成时间是两个月，他仅仅花了十天就完成了。

褚时健完成工作的秘诀就是平衡各方的需求。征粮干部的需求是完成征收任务，确保征收总量满足军队需要，农民们的需求则是留够口粮养活全家老小。每个家庭的田地、人口情况都不一样，如果按照硬性指标一刀切，很容易让农户产生激烈的对抗情绪，最终结果只会两败俱伤，根本收不上粮食。

褚时健想到的办法是根据每家农户的具体情况进行“浮动征收”，在确保农户口粮的基础上最大化征收粮食，满足征收总量达成任务即可。于是，他挨家挨户地走访墩子村，首先摸清楚每户有多少田，是什么样的田，亩产有多少。这些情况全部搞清楚以后，他才进一步确认每户要缴的粮食数量。

由于褚时健做好了征粮的前期准备工作，征收的过程果然十分顺利。华宁县的征粮负责人得知褚时健征粮很有一套，就把他调到了华宁县负责一个区的征粮工作。

这种平衡各方利益的方式，在后来褚时健管理烟草和经营褚橙的过程中，也有很多体现。关于这些案例，后面会有分析。当然他之所以有这样的做法，还是源于他对照顾各方利益的理解。

## 站在对方的角度考虑问题

征粮在当时是一个很有挑战性的工作，也是褚时健非常有代表性的案例，所以这里用一些篇幅来描述。

之前我们说过，很多走南闯北的人使出浑身解数都没征到粮，年仅22岁的褚时健却出奇顺利地征到了，因为他懂得，平衡各方需求的关键就是站在对方的角度考虑问题。

负责区征粮工作时，褚时健将自己在墩子村的征粮经验传授给征粮组成员，要求他们首先去摸清农户的田地数和亩产量。征粮组成员实践后发现，田地数好测，亩产量却很难摸清。他们向褚时健抱怨农户谎报亩产，有农户甚至说每亩只能收到300斤粮食或更少。褚时健笑着回应："这种时候你们需要摸清农民的脾气，用农民的语言，站在农民的立场上去考虑问题，这样才能达到想要的结果。"

征粮初期，褚时健所在的征粮工作组有一位大城市过来的王姓姑娘，她一直十分卖力地推进征粮工作，甚至上演了一出“苦肉计”。为了征粮工作的顺利开展，她在她所负责的那个乡的农民面前痛哭流涕。

虽然当时的中国农民基本没有接受过教育，也没有宽广的眼界，可看穿她的这点小把戏，还是绰绰有余。再加上这位小王同志看起来就是一个细皮嫩肉的城里人，与黑瘦的农村人有着鲜明对比，一点都不像受过苦的人，哪里会懂得他们的难处。因此，看过热闹之后，群众都不为所动，她一斤粮都没有征到。

也有人采取非常强悍的手段征粮，但这样的行为引起了农民的愤怒，根本征不到粮。

有了这些前期的失败教训，褚时健总结出换位思考、互利共赢的基本方针。他去实地了解农民，从农民的角度去思考征粮工作该怎么进行。他了解到农民所顾虑的问题，对具体的征粮方式进行了创新，终于顺利打开了局面。

如果有固执的农户，他就劝说道：“我是种过地的，你说你种的一亩地只能收到300斤粮，是骗不过我的，我看得出来你们这个地起码八九百斤粮是收得到的。我要是给你们订900斤的话，我晓得你们口粮应该就很紧张了；要是订600斤，那我的任务也没法完成了。这样子吧，我给你们的亩产算成700斤怎么样？这样你们的口粮肯定是够了的，我也可以完成我们的任务，这样也说得过去。你们觉得怎么样？”

农户们听他这么说，觉得褚时健定的标准是站在他们的角度考虑过的，他们的利益有了保障，于是也就同意了。所以在征粮的规定时间之前，褚时健组再次成功完成了任务。

当华宁县的领导听说其他征粮组还一无所获的时候，褚时健小组征到的粮食就已经运到了仓库，于是就让他给其他征粮组的成员介绍经验。

这时褚时健已经总结出一套方法："我们做的是群众工作，这项工作的第一大要点就是站在群众的角度去考虑问题，然后你得跟农民讲出道理来，站在他们的角度而言，吃饱肚子才是最重要的事，你拼命地增高他的亩产，他就只能拼命地压低他的亩产，这样就只能没有成果。所以我们要站在他们的角度，帮助他们找出一个合适的解决办法，平衡一下我们双方的需求，这样农户们才能满意，我们才能完成工作。"

当时华宁县有关领导听取了他的建议，改变了下属各乡镇的征粮工作方式，压低了一些过去定得很高的指标，最后也被农民接受了，华宁县的征粮任务也得以圆满完成。

这里补充说一点，褚时健和土地有很深的感情，他的早年和晚年直接和土地打交道，我们也看到，他对农民其实是充满感情的。他有一次接受我们的采访时说："中国的农民很善良，不管咋个苦，都没有怨言。"褚时健无论作为企业家还是创业家，都在积极帮助农民。

我们在褚橙基地里面计算过，以前果农种一年甘蔗，两个人挣四五千元，现在种褚橙，能拿到七八万元，收入的变化很大。

第三章

# 创新思维

创新要成功，一定来自变革管理。谁按市场规律办事，谁就立于不败之地。

——褚时健

褚时健一直在创新，比如，管理制度创新、生产流程创新、技术创新等。

我们在分析褚时健的营销创新事例时发现，创新不是凭空创造的新主意，而是在既定环境中产生的可行办法，并且有结果证明。简单来说，创新要拿实践结果说话。

创新没有止境。每一次成功创新，都会带来突破，同时为进行下一次创新实践增强信心。优秀的企业家都在追逐创新中一路成长。

他们寻找创新的机会，享受创造的过程，像永动机一样追寻下一个新事物。拥有创新思维的人，能够巧妙地找到切入口，并顺着路径找到创新解决方案。在既定的环境中，创新思维能帮助人找到最佳解决方案。

企业经营，不进则退。为了保持企业的核心竞争力，思考和创新至关重要。企业经营活动涉及的环节非常多，每一个环节都可能产生创新性想法。创新性想法能够具体实施的必要条件在于，不论是在企业投入端还是在企业产出端，都能为企业经营发展带来改进，要么可以缩减成本，要么可以扩大产出。

## 名烟串换

20 世纪 80 年代，玉溪卷烟厂正值快速腾飞的时期，云南卷烟生产发展迅猛，急需大量的原辅材料，但当时国家正处在计划经济体制下，烟草接受同价统一调配，无法给玉溪卷烟厂提供充足的原辅材料。

回忆起当时的情况，褚时健是这样说的："盘纸我们不够用，所有生产的这些纸张我们都不够用。束丝要进口，全国都紧张，国家专卖局只能满足我们一半，就不能搞过滤嘴烟，而过滤嘴烟的效益最好。"①

彼时玉溪卷烟厂生产的优质香烟已经开始在市场上走俏，供应跟不上需求，又没有条件扩大生产，这着实

① 先燕云，张赋宇．褚时健：影响企业家的企业家 [M]. 长沙：湖南文艺出版社，2014.

让褚时健焦虑了许久。随着企业自主权的扩大，玉溪卷烟厂开始获得了小部分的产品自销权，这让褚时健看到了希望。如何让产品自销权在玉溪卷烟厂发挥最大的作用，这是褚时健当时最关心的问题。

彼时，经济特区开始出现，这让中国的经济领域产生了有意思的对比。经济特区的卷烟价格随着市场的波动而上下调整，中国出现了“第二种价格体系”。

这时褚时健敏锐地意识到，市场是根巨大而无形的经济杠杆，加以利用一定能发挥很大的作用，而这时找上门来的广东商人则给褚时健抛来了橄榄枝。深知中国烟草业发展状况的广东商人，在看到香烟两级市场的巨大利润差距后，便开始寻找卷烟厂所需的辅料。

在“红塔山”“红梅”等香烟品牌开始走俏后，这些广东商人很快就找到了玉溪卷烟厂。之前他们也去过其他的卷烟厂，但都被拒绝了。看着广东商人拉来的进口束丝、盘纸、白卡纸等紧俏辅料时，褚时健决定抓住这个来之不易的机会。

很快双方就达成了价格协议：玉溪卷烟厂以出厂价将香烟销售给他们，而他们卖给烟厂的辅料也低于市场价。这样就达成了一桩对于双方来说都非常划算的买卖：玉溪卷烟厂有了辅料就可以提高生产效益，商人也可以将香烟运到二级香烟市场，卖出好价格。

名烟串换是市场经济发生作用的一个实例，在这个过程中，不论是广东商人还是烟厂，都得到了市场经济的好处。当时的媒体曾这样报道过："对于企业来说，这是很具有诱惑力、很刺激的事情。"①

褚时健曾这样说过："企业只有适应市场才能兴旺发展，在中国，市场经济迟早要来的，我们生产烟，谁先按市场规律办事，谁就能立于不败之地。"

所以在玉烟的质量已经达到了市场要求，而数量却远远不够时，褚时健提出要大胆地跟着市场走，必须多生产，走市场化的路线。市场是不可控的，谁能更好地适应市场并跟上市场发展的步伐，谁就有可能成功占领市场。

在"红塔山"崛起的过程中，辅料的串换扮演着重要的角色。实际上大规模的串换是在1986年以后才开展起来的，它就像具有魔力一般推着"红塔山"朝前走。

发生大规模串换的原因有两个：一是玉溪卷烟厂的产品越来越受市场欢迎，尤其是"红塔山"的市场极其火爆，越来越多的人排在厂门口等待消息。它的出厂价和市场价差距越来越大，当时参与串换几乎就是"发大财"的同义词。二是随着原料得到满足，褚时健对于辅

---

① 先燕云，张赋宇．褚时健：影响企业家的企业家[M]．长沙：湖南文艺出版社，2014.

料的要求也越来越高，体制内无法解决的，褚时健就在串换里解决。

这些串换商人似乎无所不能，他们运来褚时健急需的束丝、白卡纸、盘纸等一切国内稀缺的物品，甚至还送来了大批量的进口钾肥，就这样玉溪卷烟厂的又一个重要瓶颈被突破了。

串换除了解决了玉溪卷烟厂的生产短板外，还对“红塔山”“红梅”的市场和品牌起到了推动作用，这些商人拿到“红塔山”后，都会不遗余力地推销，将这些香烟卖给各行各业的消费者，让更多的人喜欢上“红塔山”。

从20世纪80年代中后期开始，串换一直在进行着，即使褚时健因此被党内警告，串换也没有停下来。一直到20世纪90年代中期，玉溪卷烟厂外汇彻底解放后，加之“红塔山”的高额利润让有关部门加大了干预力度，这些串换才慢慢停了下来。

纵观名烟串换的全过程，我们会发现，褚时健身上有着超前的市场意识，哪怕是市场发出的需求信号不是那么强烈，他也能很快地捕捉到并且能迅速地进行部署。

## 以价格换市场

做褚橙的时候，褚时健说，橙子 1 公斤能赚一分钱，上万吨就能赚多了。他认为利益均衡分配，就是有钱大家一起赚。他的创新背后，有着对价格、市场、机制和运作的透彻理解。

一家企业要是市场占有率没有达到一定程度的话，它的销售数据再乐观也没有用。没有足够的市场占有率，它在整个行业中就没有话语权。首先，从定价来说，这家企业的定价也许会受制于其他大型供应商，那么当整个产业面临转型变革时，这家企业很容易被淘汰。其次，随着市场竞争的加剧，优胜劣汰，消费者会失去对周转太慢的产品的依赖，消费习惯也会发生改变。时间一久，这种产品自然会被淘汰，而市场占有率高的产品才能存活下来。市场占有率对于企业的重要性，褚时健早在 20 世纪 90 年代便认识到了。

继续来看红塔山的案例。

1994 年 3 月中旬，在昆明“两烟”交易市场上，

“红塔山”第一轮的报价是65元，当时在场的400多名买主纷纷举起牌子，但根据当时的情况只能供应30家，于是主持人就说，由于供不应求，要报价第二次。在经历8次举牌后，“红塔山”的报价已经涨到了76元。

而在这时褚时健却叫停了拍卖：“由于价格太高，玉溪卷烟厂不愿意成交，请大家原谅。”后来褚时健是这样解释的，“红塔山”走俏是好现象，但要考虑巩固和扩大市场的问题。出售价格太高，经营的利润就相对少了，这样会影响零售商的积极性。全国各地零售价有高有低，我们出售价格太高，卷烟全部流向零售价高的地方，零售价低的地方就得不到，那么“红塔山”的市场占有率便会下降，这对工厂的长远发展不利。这就是褚时健“让利不让市场、高价不卖低价卖”的创新思维。

褚时健在接受《经济日报》采访时解释了让利不让市场的缘由。他说道：“培养经营者，就是培养消费者。我们不能光图厂家的利润，而不顾商业的利润，经营者没有了积极性，我们厂家的市场就萎缩。再说，如果‘红塔山’成了贵族消费品，我们就等于在搞高价自杀。”

保证产品流通领域有30%以上的利润，这是褚时健定下的营销方针。只有给足了烟贩子好处，烟贩子才能积极地去推销产品，这样才能保证企业有足够的后劲。这个方针是基于当时全国经济发展严重不平衡的情况而提出的，如果出厂价过高，发达地区能承受，但贫困地区就承受不了，这样就会导致产品全部进入发达地区，而贫困地区就没有“红塔山”了。而且就算是发达地区也有发展不平衡的情况，价格太高，城镇能接受，农村不能。

保证产品流通领域有30%以上的利润，这个策略后来褚时健也用到了褚橙的经营上，而且大获成功。另外褚橙在定价上，尽管多年来一直是一橙难求的状态，可是并没有进行持续提价，而是把价格稳定在一定的水平。褚时健说要做让大家吃得起的好橙子。这些都是后话了，而在他管理烟厂的时候，这些经验当时是创新的经营探索。

有人曾问褚时健这样一个问题：“既然市场需求量大于生产量，那你为什么不增加产量来满足市场要求呢？”褚时健是这样回答的，烟草产品还在国家的宏观调控下，我们只能按照调控计划进行生产，企业还没有权力可以放开膀子大干一场。满足不了市场需求，就只能按照市场的价格上扬，价格上扬到一定的高度，直到消费者承受不住时，消费者便会选择自己能够承受的产品消费。这样的话，实际上是将企业占有的消费者逐个淘汰，缩小了自己的市场。为了解决这个矛盾，企业必须主动走向市场，政府也要积极创造条件把企业推向市场。于是褚时健要求上级把产品的销售权和定价权交给烟厂，让企业自主决定产品的销售方向和价格，这样才能让企业真正走向市场，参与市场竞争。褚时健的“两权”试点工作得到领导批准，并开始执行。

褚时健的想法是，将玉烟产品铺到市场的各个角落，玉烟产品不仅要占领各大、中市场，小市场也要占领。要注重销售渠道下沉，使产品的流向更加合理化，甚至可以直接与二三级销售站签订合同。褚时健这番扩大市场网络的举动使玉烟产品在当年的国内市场覆盖率达到了 95% 之上，真正使玉烟产品出现在了祖国的每一个角落，形成了强大的品牌营销力。

尝到了市场甜头的褚时健，在 1995 年推出的营销方案里将经营体制转向了纵深发展，玉烟产品占据市场的力度进一步加强。首先增加了玉烟产品的供应量，其次加大了玉烟产品的市场覆盖面，最后在全国设立了一万个卷烟专营店，卷烟专营店就类似于现在的特许经营店。这在当时也属罕见。特许经营店一方面有助于品牌固化，打击假货，另一方面也为玉烟产品打造了极强的渠道优势。

在 20 世纪 80 年代，一批美国学者就市场占有率和利润率的关系做过调查，发现某个世界级的美食品牌其市场占有率每增加 1%，其销售利润就会增加 6000 万美元。而在另外一份对制造业的调查中发现，最能够影响利润率的重要因素中，市场占有率和技术均在其列，可见市场占有率的重要性。

不过市场占有率高的企业不一定能长盛不衰，市场是瞬息万变的，企业要不断创新，围绕客户寻找新的利润来源，这样才能在市场中生存下来。关于这一点，褚时健一直有着深刻的认识，无论是在全世界范围内铺设强渠道，还是不断开发适应渠道的新产品，玉溪卷烟厂一直都在创新。

褚时健一直认为，想要让你的产品占据市场，要让更多的人卖它，而前提是必须要让卖你东西的人赚钱。

“世界上不存在只有一方赚钱的商业行为，要保证自己的利益，首先得保证整个价值链条上的所有环节有充足的利润空间。”这是他的原话，结合他的所行，再来理解，入木三分。

褚时健的经营思想中有很大的愿力是自利利他，通过改变自己，为他人带去利益，自己也能获得成长和收获。

## 用渠道拿市场

经营产品，无论是传统零售还是新零售，又或者是那些所谓的创新玩法，都很难说绕开渠道，褚橙的产品既有新的零售渠道，也有传统渠道，褚时健对渠道的理解和探索很多都来自做烟时的经历。

20 世纪 90 年代初，一条在云南出厂价 37 元的“红塔山”，到了苏州吴县（1995 年撤销吴县，现为吴中区和相城区），至少能卖到 70—80 元。到了 1991 年，其售价更是达到了 95—100 元。

信息不对称和疯狂的市场不仅让骗子有机可乘，当时多次出现骗子用供货承诺骗款的案例，也给采购云烟的商家造成了巨大的困扰。当时在江苏流传着这样一个故事：某供销社为了安全采购 700 万元的云烟，甚至使用五吨重的加长集装箱车装载，并增加开道小轿车押送，每辆车还装配了对讲机联络，以此来规避长途运输带来的风险。

当时市场流通的弊端可见一斑，“南烟北运”困难重重。

市场流通不畅，最终的结果便是企业、经销商、消费者三输。经销商蒙受巨大损失，消费者花高价买下劣质香烟，玉溪卷烟厂不仅失去了对销售渠道的把控，企业信誉和形象也受到损害。

这一问题，成为褚时健心中的一块顽疾。在他的构想中，玉溪卷烟厂的产品不仅要“原汁原味”地呈现在消费者面前，还要树立企业的品质形象。更为重要的是，要通过对市场流通环节的梳理，拓展云烟在市面上的销售渠道，为提高“红塔山”的市场占有率服务。

一石三鸟不是一件容易的事。就打假来说，全国各地冒充云烟、以次充好的现象十分普遍，当时原始的商业环境和市场监管的缺失，并不是一朝一夕或单靠一家企业能够解决的。但是这背后还是有迹可循的，核心原因是玉溪卷烟厂离消费者的距离太过遥远。这不仅是在物理距离上，更体现在层层分销机制上。如果能缩短这段距离，玉溪卷烟厂便可以排除更多风险，增强对销售链条的管理。

基于此，褚时健提出在全国建立“玉溪卷烟厂特约经销店”。在今天看来专营店模式已经见怪不怪，但是在当时却是一着创新妙棋。这一模式具备四个功能和作用：通过专供专销的方式打假防伪；通过专卖店店面树立企业形象；通过缩短企业与消费者的距离直接收集市场和消费者的反馈信息；最重要的是在各级分销商之外，褚时健建立起独立的销售渠道。

研究褚橙的渠道布局时，也可以看到同样的打法。

1992 年 8 月，褚时健将第一批共 120 个玉烟特约经销店建在江苏。一方面是因为江苏经济发达，人们消费水平高；另一方面是江苏的消费者对云烟的认可度高。另外，在选址上，褚时健也富有远见卓识，他将特约店店铺选在信誉高、管理严格的老店、大店里，一来利用老店的信誉和强管理做保证，二来利用自身的号召力为老店带客流。

一年之后，玉溪卷烟厂考察江苏，了解到特约经销店在当地大受欢迎。为了能够买到货真价实的“红塔山”，不少消费者甚至愿意驱车百余里，来特约店消费。事实证明，特约经销的模式不辱使命，它一方面有效地拓展了销售渠道，另一方面能够打击假冒伪劣的猖獗。褚时健开始在全国范围内推广特约经销店，到1993年底，开店数目已经达到4500家。

成千上万家特约店，共同织就了一幅巨大无比的销售网络。它不仅感知着瞬息万变的市场脉动，也在企业和消费者之间架起了信任的桥梁。“红塔山”“阿诗玛”“玉溪”通过这一网络被送往消费者的手中。

在1994年玉溪卷烟厂的营销工作方案中，褚时健阐述了对销售渠道的创新逻辑。那一年，他在该文件中提出了三点主要改进措施：

其一是合理调整销售渠道。为了调动一线销售公司的积极性，褚时健主张在云南卷烟批发市场分批次签订合同，减少中间环节，增大销区利益，适当提高县级公司收益。

其二是增加主渠道的供烟数量。这样，主渠道的供烟总量由原来的至多40%提高到总量的75%。在分配到各省的总额中，又主张省经销商占30%，分公司以下占70%，用以调动基层的积极性。

其三便是1995年继续在全国设立1万个卷烟特约店。

我们可以清楚地看到，褚时健在拓展销售渠道时，对各级分销商做出了很大的倾斜，让出更多利润。那么为什么在“红塔山”供不应求时，褚时健还要采取如此措施呢？

答案就在香烟里。

香烟作为快消品之一，天然依赖于销售渠道。褚时健坚持“渠道为王”，实际上是源于对快消品的深刻理解。快消品的快速消费特点，决定了谁能够让消费者快速便捷地购买到产品，谁就能够在激烈的竞争环境中占得优势。所谓“渠道为王”便是指快消品在产品同质化的环境里，谁能掌握更多的渠道，控制渠道的能力更强，谁就拥有更大的市场话语权。褚时健对分销商的让利行为，实际上是为了将销售渠道牢牢地攥在手中，并构建紧密相连的利益共生关系。

这一点在他多年以后销售褚橙时体现得更为明显。除了符合常规快消品快速消费的特点外，水果产品还面临“丰收季量大”和“保质期较短”之间的矛盾。橙子成熟的时间集中在10月，短时间内大量果子上市，如果不快速将产品转化为销售额，短期内就会出现大量货损，给企业造成毁灭性打击。所以在拓展褚橙销售渠道时，褚时健一方面积极拓展线下渠道，从果园直接对接到水果店，省去中间的分销环节；另一方面便是在2012年之后，对接加入互联网电商，在云南、北京、成都、重庆等地组建或外包电商销售团队，成百吨的褚橙在极短的时间里送到了终端消费者手上。如此，才缔造了褚橙的传奇。

我曾在《褚橙方法》这本书中介绍有关褚橙从种植到销售的运作，其实如果把做烟和种橙的经历结合起来看，褚时健早年运作烟草的经历为褚橙的创新运作埋下了巨大的伏笔，或者说他把原来很多的创新都移植到了褚橙市场的运作上了。

毫不夸张地说，褚时健注定成功。

## "红塔山"现象

20世纪80年代，随着改革开放持续深入，洋烟也开始流入中国市场。在当时的社会，"赶时髦"的消费者往往以抽洋烟为荣。

"红塔山"与洋烟的正面交锋在所难免。

如果说当年"红塔山"与洋烟正面交锋，大获全胜，那么褚时健种橙则是去追赶洋水果，同样是后来居上。

今天来看，两次战役的操作路径相似，当然也有很大不同。褚时健在褚橙的布局上，依托互联网，快速打开了市场，这种创新的打法会引起无数的跟风，但是多数简单的跟风者都没有取得成功。

继续回到“红塔山”的案例上来。随着特约店在全国铺开，“红塔山”的市场占有率也一路飙升。

实际上我们可以分析一下洋烟为何在市面上流行。美国著名心理学家马斯洛把人类的需求分为五个层次：其一是生理需求，其二是安全需求，其三是社交需求，其四是尊重需求，其五是自我实现需求。香烟的消费，是一个多层次需求被满足的行为。对于烟民而言，首先满足的是生理需求，由于香烟有一定的成瘾性，抽烟可以让消费者缓解生理上的焦虑。其次，香烟天生具有社交属性，特别是在20世纪末的社交圈，“递烟”这一行为包含着强烈的社交需求，一支烟可以迅速拉近陌生人之间的距离，许多交流与合作往往也是从相互“借个火”开始的。最后，从香烟的社交属性引申出了尊重需求，我们把自己私密的喜好（如抽什么牌子的烟）展现在对方面前，某种程度上是把自己的身份、地位和盘托出。在与对方交往/博弈的过程中，这些细微的暗示则是获得尊重的筹码。当洋烟进入中国市场时，除了上好的品质外，其稀缺性带来的身份符号，也是消费者所热捧的。

这种现象还有一个典型的代表，便是星巴克。1998

年星巴克进入中国，直至今日仍然占据着国内咖啡消费量的半壁江山。实际上，星巴克除了满足消费者的生理需求外，更重要的是满足了社交和尊重需求。首先，咖啡在中国的消费本身就不高，具有稀缺性的特点；其次动辄30元一杯的星巴克现磨咖啡其价格远远在速溶咖啡之上，所以当消费者捧着一杯星巴克时，实际上是在向身边人进行一种身份符号的展示。而且香烟、咖啡这种“轻奢品”又不会像真正的奢侈品一样遥不可及，消费者只需“伸伸手”便可得到，花30元买一份“体面”何乐不为？

褚时健心里清楚，“红塔山”要打败“万宝路”，需要的便是品牌打造。

首先，品牌建立在质量之上。曾有作家这样描述：

据闻英国名牌烟的烟叶要存放三年。第二次世界大战，存烟用尽，质量也就不如以前了。玉溪烟厂的烟叶都要存放两年到两年半。这是像中药店配制丸子散一样“修合虽无人见，存心自有天知”的事。这个“天”就是抽烟的人。烟叶存放了多久，抽烟的人是看不到的，但是抽得出来。他们不知其所以然，但是知其然，能分辨出烟的好坏……卷烟的声誉，全靠质量，靠烟民的口碑。北京人有言：“人叫人千声不语，货叫人点手就来”，这是假不得的。桃李不言，下自成蹊，“红塔山”之赢得声誉，岂虚然哉！

除了狠抓质量外，褚时健和红塔集团也注重参与社会活动，通过提高社会地位来树立品牌形象。1992 年，褚时健联合文艺界人士，共同举办红塔山笔会，将香烟与文学相连，邀请当时著名的文学家、作家来云南玉溪采风写作。这给“形而下”的企业经营，带来了“形而上”的思考，也给“红塔山”香烟赋予了文化内涵。

除此之外，褚时健还大力举办文化艺术活动，积极参与优秀电视剧的拍摄，譬如《宰相刘罗锅》等佳作；资助学术活动，为巴金国际学术研讨会尽力；向清华大学、中国人民大学、云南工业大学捐款设立教育基金，总数超过 1000 万元；积极参与社会公益事业，从 1990 年开始，褚时健便响应国家的号召，投身希望工程的建设，企业带头赞助希望工程 60 万元，成为当时对国家希望工程赞助最早、最多的企业；仅 1995 年和 1996 年初，玉溪卷烟厂就向云南几个地震灾区捐款近亿元。

内外兼修，让“红塔山”炙手可热。1993 年，在“全国市场产品竞争力排行榜”上，实际购买品牌排名前三分别是“红塔山”“万宝路”“红梅”。而在另一份调查中，中国市场上最受欢迎的 10 个国产香烟品牌，玉溪卷烟厂的“红塔山”“阿诗玛”“红梅”分别名列前三名。

消费者也开始从“以抽洋烟为荣”，转变为“不抽‘红塔山’就跌份儿”，这在当时被称为著名的“红塔山现象”。玉溪卷烟厂的“成功”“社会贡献”“顶级品质”

等企业象征，也映射到消费者身上，成为个人身份的象征。内蒙古阿拉善烟草分公司一位叫许均的员工，更是在自己的文章里发出感叹："当今的'红塔山'，是男士们亮相的当家烟，是酒桌上的必备品，是社交场上的'大红娘'……"

"红塔山"不仅力压"万宝路"等洋烟，在国内香烟市场独占鳌头，而且还畅销欧美市场。

1992 年开始，加州熊氏集团总裁熊德龙便在美国为"红塔山"开疆拓土。3 年时间，他花费几百万美元在当地华人华侨和留学生间进行宣传，让"红塔山"成为当地华人圈最抢手的香烟品牌。"抽起'红塔山'，想起我故乡"这句言简意赅的打油诗，成为不少华人思乡之情的真实写照。而后"红塔山"的影响力也慢慢扩散到美国的各个阶层，成为不少美国人的心中所爱。在洛杉矶好莱坞大道大都会大酒店的顶层广告牌上，经常可见"红塔山"的巨幅广告，其在夜幕之下霓虹闪烁更显光彩夺人。

"红塔山现象"是源于褚时健对品质的追求和对香烟符号意义的打造和运用。这种品牌塑造方式，也被运用到褚橙上。褚橙最初叫作"云冠橙"，刚开始销售情况并不好。一是名字不够直接，消费者难以记住；二是缺少文化内核，意义的延展性不够。后来云冠橙改名为褚橙，迅速红遍大江南北，销量也直线上升。

褚时健是一个时代企业家的代表，他的身上闪耀着顽强不屈、积极进取、百折不挠的企业家精神，更为王石、马云等著名人士所敬仰，被誉为“企业家中的企业家”。以他之名命名的橙子，被赋予了企业家精神的文化内涵。它从一个普通的商品变为了一种文化符号，所指更加丰富，也更能引起人们的心理共鸣。当消费者品尝着甘甜的橙子，心里也会将自己与传奇人物联系在一起，褚时健坚忍不屈的精神力量自然也滋养着食客。

当然，褚时健始终很清楚：“头几年可能大家因为是我种的橙子，因为好奇心都买来吃吃，但是如果果子不好吃，或者只是普通过得去，我相信买了几次人家就不买了。”①

## 信息网覆盖

今天我们说大数据，说精准人群已经不是什么新概念了，可是在 20 世纪 90 年代，这绝对算领先概念。在褚时健的经营中，他对数据十分敏感，而且很重视。

① 李开云，张小军．褚时健传 [M]. 北京：石油工业出版社，2018.

说到这一点，讲一个插曲：褚橙接班人褚一斌到成都考察市场，当时我参与投资开设了优果仓连锁水果店，我陪他到其中一家门店去。他突然问我这个门店的面积，我说 100 多个平方吧，没有具体到多少平方米，后来他说你这个基础数据要准确。

为什么讲这个案例，褚总接班之前是做金融的，可能对数据敏感，也可能是传承了他父亲对数据敏感的基因。市场调研是必须看数据的，如果数据不准确，判断市场就会失真。

褚时健说过，很多事，不管是好的因素，还是坏的因素，都会积累起来，积累起来首先反映在数据上，要掌握数据的真实情况。①

在中国互联网营销发展起来前，中国很多企业都面临信息严重不对称、市场反馈不及时等诸多问题，但褚时健管理的玉溪卷烟厂却在 20 世纪 90 年代就建立起了近百个信息网点和上百人的商情情报员，这一点至今都令很多企业家所惊叹。

20 世纪 70 年代，滤嘴烟开始进入中国市场，由于当时国民生活水平较低，人们的消费和观念跟不上，滤嘴烟一开始在国内市场销售疲软。如何在信息不对称的情况下，准确掌握消费者的信息就成了各大烟厂竞争市

---

① 李开云，张小军．褚时健传 [M]. 北京：石油工业出版社，2018.

场的关键点。

褚时健没有专门学过理论知识，他的经营方法完全是靠自己摸索出来的。在他的实践中，无论是做烟还是做橙子，都离不开信息调查。他很快意识到，要知道滤嘴烟是否适合国内的消费者，就必须要调查市场，必须要有大量有价值的信息才能得出正确结论。

于是，他带领玉溪卷烟厂的人四处搜集各方市场的信息调查，从农村到城市，从省内到省外，从国内到国外，从内地到沿海开放城市，一层一层逐步了解、调研、分析，最后得出结论：我国沿海地区的滤嘴烟销量较好，尤其是高档名牌滤嘴烟；发达国家的滤嘴烟产量达 90% 以上；中等发达地区的滤嘴烟比例超过总产量的 50%。鉴于沿海地区和国外各种消费都具有一定的领先性经验，说明滤嘴烟的发展大有可为。

掌握消费者的信息后，褚时健更加确信了滤嘴烟在国内市场的发展前景和未来的社会经济效益。经过多方权衡，他做出了积极发展滤嘴烟的生产决定并根据市场需求调整产业结构，让产销对路。1987 年，仅仅因为产品结构调整这一项措施，便增加了 1.3 亿元的税利积累，到 1989 年，滤嘴烟在国内市场的占有率从 1978 年的 200 箱涨到了 58 万箱，约占总产的 57%。①

① 先燕云，何晓萍，中国烟王褚时健 [M]. 北京：华龄出版社，1996.

褚时健极度重视市场信息的作用，他认为企业的一切决策都应该从市场需求出发，而不是按照企业经营者自我的喜好，只有倾听市场的声音，重视消费者信息，才能把握市场导向，做出正确的经营决策。所以，多年来，玉溪卷烟厂一直秉持烟卖到哪里，信息就跟踪到哪里的原则。

为了能够更准确地搜集信息，褚时健经常派身边的干部深入玉烟的各个销售点去深入调查，访问消费者，获取一线市场信息和最新行业动态，通过鉴别、甄选、整理，使这些信息成为经营决策的依据，最终转化为生产力。他要求在全国各地设立的商情信息员要像情报员一样去了解市场，每天汇报信息，然后再把这些信息反馈到各个相应部门，并由专人负责解决。每一次玉烟在开发新产品之前都会系统地搜集整理来自市场的多方信息，从中选取有价值的部分，作为每一次做产品决策的依据。

到了 1993 年，玉溪卷烟厂依靠长期跟踪调研市场，在国内主要消费城市建立起 98 个卷烟信息网点，有上百名商情信息员。这些信息员每日向玉溪烟厂反馈市场信息和消费者意见，包括质量、侵权及假冒等问题，使玉溪烟厂随时可以把握市场导向，根据市场需求改善产品质量，满足消费者需要。最终，玉烟以其别具一格的特色占领了中国滤嘴烟市场的大半江山。

做褚橙的时候，尽管褚老不能亲自到一线去看，但他对市场一线的状况了如指掌。

第四章

# 战略思维

我们常说要居安思危，这是一个企业领导者必须具备的素质。要讲短期行为，只顾眼前利益，我早就可以高枕无忧休息了。世界工业的竞争越来越激烈，落后就要被淘汰，这个规律十分无情。扩展经营范围，也是改革，没有扩展就没有发展。

——褚时健

卓越的企业家是当之无愧的战略者，在褚时健身上也少不了认识未来的战略眼光与谋篇布局的未来规划。

从他的企业经营之道上，我们能清晰看到，他总是基于对未来趋势的判断，及时改变现在的做法。

管理学大师德鲁克在《管理未来》中曾说过："明天迟早会来到，但又总会与今天有所不同。如果不着手于未来，无论多么强大的公司也会遇到困难。哪怕是企业拥有非常强大的实力，也难以承受这种危险；哪怕企业再小，也应警惕这种风险。"[①] 管理学家的战略布局思想中，把握未来与企业发展同等重要。

管理学教授陈春花提到过，无论从哪个角度，我们都需要讨论一个话题：未来的变化在何处，我们又该如

① 彼得·德鲁克．管理未来 [M]．李亚，邓宏图，王璐，译．北京：机械工业出版社，2018.

何面向未来？从某种程度来说，企业发展就是投资未来。未来是一个比较虚幻的词语，如何让未来变得有迹可循，考验的则是企业家们的眼光。从哲学上来说，一切事物都在不断运动中，而事物的运动变化是有规律的。其实这与企业发展脉络相同，在不断变化的未来中找寻规律，探索企业的未来发展方向。正如陈春花所说，所有的企业都需要知道应该如何面对未来。现在已经是过去时，企业的长久之道就是把握未来，布局未来，投资未来。

## 未雨绸缪

2019年，褚氏家族旗下的NFC果汁正式推向市场，与此同时，很多跟风种植褚橙的人发现，冰糖橙市场正在发生巨大的变化，粗放的规模化种植显然不能抵御市场的风险。在褚橙内部，新的基地即将进入量产期，产量将大幅提高，而投入运行的果汁厂已经做好迎接新一季果实到来的准备。

NFC果汁在向外界传递声音时说，这是褚老的收官之作，就我们所知，褚老的确对果汁厂寄予厚望，在他去世前不久，还亲自到果汁厂指导工作。

果汁厂是褚氏家族传承的一个分支，也是未雨绸缪的布局之一。为什么说是之一，因为还有更多的布局，这里不一一介绍，继续回到褚时健先生的经营智慧上来。

《诗经》有云：“迨天之未阴雨，彻彼桑土，绸缪牖户。”意思是说，要趁着大雨未来之时早早修缮房屋门窗。对一个企业家而言，未雨绸缪既是带领企业谋求更广阔发展空间的经营能力，也是能够帮助企业规避风险度过寒冬的一种先见之明。

早在被打成“右派”期间，褚时健就显露出未雨绸缪的能力。那几年，除了发动队友们熬夜开荒，对于剩余下来的农副产品，褚时健也绝不浪费丝毫，所谓“仓里有粮，心中不慌”。

某一年，队里种植的红薯大丰收，当时根本吃不完。于是，褚时健就想出了把红薯切成干晾晒在田里之后再碾磨成薯粉的好办法。由于经营得当，褚时健所在的后勤组不仅没有饿死人，还可以时不时地改善一下伙食。

老话说：“吃不穷，穿不穷，不会计划一生穷。”特殊年代，褚时健的生存智慧是精打细算屯粮屯菜。而在以后的商场打拼中，褚时健更加重视为未来做准备。

1982年在玉溪卷烟厂，褚时健力排众议，坚持实行大量储存原料，进行自然发酵的决策。当时，许多人对贮存烟叶带来的经济效益深表疑惑，而褚时健却深信不疑，因为自然发酵能够获得更高质量的烟叶。他认为卷烟厂的投入与产出是正向的，产量与质量将进入良性循环状态，由此得出判断，致力于原料这一至关重要的环节将形成绝对优势。不过，这一决定不是那么容易的事情，大量贮存烟叶意味着大量投入资金。当年资金的投入，只有等一年后才能有收益，在没有见到收益之前，谁敢说这个投资是值得的？但褚时健敢。

不出意外，一年后玉溪卷烟厂不仅产量上升了，而且各种主要技术指标都超过省内同行业最好水平。烟叶内在质量的提高，增加了甲级卷烟的比例，同时利润水平也增加了一倍之多。自此之后，经自然发酵后的烟叶的档次不断提高，带来的效益也愈加明显。经过自然发酵的产品也逐步进入优质产品的行列。到这时大家都认识到，这是褚时健为长远打算、具有战略意义的一步棋。

1988年，全国性粮食短缺，玉溪地区开始压缩烤烟种植面积。而早在两年前，褚时健就做出了水田种粮、扶持当地山地烟叶发展的重大决策。面对着旁人的不解，玉溪卷烟厂一方面拿出大量资金支持农民种烟叶，另一方面开始大量收购和储存烟叶。正是这一系列的举措使当年的玉溪卷烟厂烟叶充足，生产照旧。站在今天布局明天，尽管常常不被大家理解，褚时健也都能坚持到底。到了最后，事实往往能证明他的前瞻性。

深谋远虑、布局长远是几乎所有卓越企业家身上共有的特质。一个卓越的企业家从来不满足于眼前的小小收益，他们从来不是走一步再想下一步，而是每走一步心中早已经开始谋划好几步开外的事情。

时代记录创始人洪海曾评价说："褚老的人生曾一度是'独上高楼，望尽天涯路'。"站在高楼之上，褚老慧眼独具，他从现在看到明天，从明天看到未来。在褚老看来，经济效益、政策风向、谋篇布局这些经营智慧都是向生活和苦难学来的，也是他在高楼之上一直思考着的东西。

## 产业布局

不了解褚时健的人，往往只是隐约知道他管理烟厂和种橙的成功，又或者是误解他，认为褚时健不太关心投资和产业布局的事情，包括有段时间有一些评论说他不希望到资本市场去。就我们所知，这些都是一面之词，其实他做过很多的产业布局，而且同样取得了很大的成功。至于对资本市场一说，也不是外界解读的"褚橙不考虑上市"。

早在20世纪90年代中期，玉溪卷烟厂斥资数十亿元，在全国各省投资了电力、水力、交通、建材等产业。在进行横向扩张的同时，他也在进行卷烟产业链的纵向发展。那时，中国的工业基础依然非常薄弱，当时使用的香烟配套设施完全跟不上红塔集团的发展，滤嘴、纸张还是依赖进口，价格和数量都受到限制。褚时健认为，烟草产业需要整合，团结起来共谋发展。

因此，红塔集团投资了辅料、印刷包装、烟机、滤嘴、造纸、印刷等卷烟配套行业。通过贷款和技术协作等方式，带动和扶持了当地印刷、纸箱、彩印、造纸、乳胶、滤嘴棒、卷烟纸等 32 家工厂的发展，初步形成卷烟辅料、印刷包装、烟机配件等生产体系。褚时健称这些配套厂家为玉溪卷烟厂的“第三车间”。①

1993 年左右，以地区集团乡镇企业为主体的“第三车间”，从业人数达到 3800 多人，固定资产 4900 万元，产值近 2 亿元。在一段时间内支撑了玉溪的发展，产品不销往外地。②其实对于褚时健来说，香烟配套设施的投资最大的收获是降低了香烟生产成本。根据相关数据显示，配套设施为红塔集团节省了 1/3 的成本。

当时，红塔集团直接投资了玉溪市的红塔造纸厂和建水县的蓝鹰造纸厂。蓝鹰造纸厂原名红星造纸厂，褚时健准备投资红星造纸厂时红星已经濒临破产。但是因为人员、规模、距离的优势，褚时健决定对它进行扶持，在红塔集团的扶持下，蓝鹰纸业成为国内一流的卷烟纸

①②《红塔山传播集》编委会．红塔山传播集（1986—1994）——通讯篇 [M]. 北京：经济日报出版社，1995.

生产企业，并且获得“全国500强企业”等多项荣誉。

珠海红塔仁恒纸业发展有限公司也是红塔集团配套企业。由于技术含量和生产设备的问题，国内没有能够生产高档香烟包装材料的企业。为解决这一问题，褚时健决定合资建厂。

褚时健当时本想选址在玉溪，但因当时全国的高级人才都集中在长三角和珠三角一带，玉溪地区若引进专业人才在当时是非常困难的。在多方考虑下，褚时健把造纸厂设在了珠海。在合作方的选择上，他选择了自己较为熟悉的新加坡仁恒工业，仁恒当时掌门人是华人企业家钟声坚，两人在20世纪80年代就已相识。

与仁恒的合作中，在技术和设备配套上秉承着褚时健要达到世界一流的理念。当时企业投资预算总额达5亿元人民币，经过不断地考察研究，决定分开引进设备，再组装，通过这样的方法，节约了1亿元的成本。仁恒纸业的成立与发展，在当时填补了中国生产高档烟纸的空白。

事实证明，褚时健打造的“第三车间”配套产业发展，充分带动了当地工业的发展。比如，玉溪乳胶厂三年不到为国家节约了外汇500万美元，产出的红塔乳胶更是代替了进口货；玉溪松纸厂经过140次反复实验，产出“思源”牌水松纸，不褪色不脱粉而且花纹新颖美观，被评为1990年省优产品，并被全国9个省区26家烟厂陆续使用，1992年销售收入高达4000多万元，成为全国乡镇先进企业。

根据1994年《经济参考报》报道：红塔集团成立后以产权联结为纽带，跨地区、跨行业进行新产业开发规模经营，并在交通、旅游、服务等方面做出自己的贡献。1996年以后，红塔集团每年都会有30亿元用于新产业的发展。

“总裁管今天，董事长管明天”是褚时健在红塔集团成立后说的，对于企业家来说，守业永远比创业难。在玉烟发展到顶峰时，褚时健对企业的发展做了系统的打算。他断定烟草行业未来无疑会面临冲击并且发展减缓，于是便做出一业为主、多种发展的决定。

在20世纪80年代的改革浪潮中，在良好的外部环境与省委政府和各方面的支持下，玉烟积累了大量的资金，各方面都位于全国烟草行业之首。到20世纪90年代，玉烟发展更加快速，褚时健的视野也早已超越烟草，瞄向了更远的地方。

他清楚地认识到，玉烟若想继续做行业的翘楚为经济作贡献，就必须抓住改革时机，拓展思维将部分资金转向其他行业。玉烟造就了一大批电子、机械人才，他们的管理经验不仅适合烟厂，同时也适用于其他厂。玉烟完全有能力跨足其他行业，为云南的经济多作贡献。

卷烟产业对于云南而言一直是经济支柱，但云南想要经济实力更加雄厚，就必须建立更多的经济支柱。褚时健认为，政府既然下放企业经营权，我们就应该放手去做，敢于打破行业界线。

外界一直评价褚时健具有匠人精神，这种精神的内涵之一是把一件事情做到极致，而企业家的匠人精神和传统的匠人又有很大的不同。匠人可以把一件事情做到极致，而企业家 + 匠人精神则有可能把多件事情都做到极致。

多元化是很多企业家无法绕开的战略布局，褚时健曾说，“企业想谋求发展，多元化战略是必经之路。没有多元化，企业的生存会受到威胁”。

## 开发澜沧江

改革开放后的中国经济，迎来了前所未有的快速发展时期。从计划经济转向市场经济；实行国有企业改革；对外开放，引进外资，向外投资……社会主义市场经济体制在逐步建立，更多的机会在时代潮流中涌现。

褚时健 1993 年底出任云南红塔集团的董事长。曾在一年内扭转红塔集团的生死，把“红塔山”804 箱的产量做到近 2 万箱，推动云烟发展至风生水起之时，褚时健却并未局限于烟草之中。这位已经年过花甲的“亚洲烟王”，要为堆积在银行的烟厂收益谋划出路。在税后利润 3 年达到 180 亿元的情况下，“说玉溪卷烟厂是中国在银行放钱最多的企业，这句话一点都不过”。

无论是出于资金过剩的考虑，还是当年不断被触及的“禁烟”问题，褚时健都知道，做企业，永远不能只考虑当下。彼时褚时健多元化的产业经营思路已经在谋篇布局当中逐渐清晰。

烟外出击，褚时健将自己幽深的目光投向了更远处——能源行业。

其实褚时健一直在等待一个机会进军能源行业。在国家工业化进程不断加快的脚步中，褚时健非常清楚，国家的经济要发展，每一步都与能源息息相关。但改革开放以来，曾经计划经济体制下的资源配置极不合理，导致电力不足，这一问题一直阻碍着社会经济的发展。

1993 年秋天，褚时健已经确定将在澜沧江投资建大型的梯级水电站。在他的规划中，首先在香港成立一家公司，起名“云南电力”。当时玉溪卷烟厂的每年净利润达到 60 亿元左右，每年从香港市场募集资金 40 亿元左右，同时加上银行贷款约 40 亿元，每年投资水电站总金额可以达到 140 亿元左右。

褚时健算了一笔账，如果以 10 年为一个投资长度，澜沧江的梯级水电站投资总金额将在 1500 亿元左右。这笔投资金额不到三峡电站的一半，但发电量却近乎其两倍。

但褚时健筹备开发澜沧江水电站的道路走得并不顺

畅，内部员工的强烈反对，电力部门的冷淡回应，诸如此类的问题挡在他发展电力的道路前。在这样曲折复杂的过程中，褚时健还是坚持要做下去。

中共十四届三中全会对社会主义市场经济体制的基本框架已有了一个初步规划。但那时中国还没有股份公司合作制的概念，这样的方式是否在国家允许范围内，谁也不知道。就是在这样的情况下，红塔集团在澜沧江水电站的投资风风火火地拉开了序幕。万事俱备之际，褚时健还差一阵东风。

终于，在 1995 年，一个恰到好处的时机到来了。国家电力部门谋划澜沧江水电开发，云南省政府和云南省电力局联合投资大朝山水电站，结果项目刚开始不久资金就告急。基础建设需要投入大量人力、物力、财力，国家的财政资金紧缺，直接导致建设项目的效率低下。他们只得找来红塔集团投资，希望成立澜沧江水电开发有限公司。

褚时健提了三个条件：占有股必须较高；需要实行公司制；回报率必须达到 15% 以上。在围绕是否实行公司制的问题上，几方多次讨论后，终于达成一致——同意褚时健所提要求。这意味着，褚时健带领着红塔集团正式进入了电力能源的核心板块。

红塔集团踏入电力能源行业正与时代东风遥相呼应，当时在中国工业化的发展进程中，国家提出重点加强能源行业发展，确立重化工业的战略地位，并积极进行西部大开发。云南省政府在发展的热潮中，针对云南电力资源丰富的特点，制订了“西电东送”“云电外送”两大宏伟计划。地处云南的澜沧江流域内降水丰沛，水量大而稳定，开发利用价值大。

进入能源板块，实现了褚时健精英战略布局的重要一步。作为地方性非电力企业，红塔集团是第一家正式介入电力行业投资的公司。这也是跨越时代的一步，褚时健在改革中激流勇进，秉着敢于创新的魄力与承担责任风险的勇气，带领红塔集团跨入了一个全新的阶段。入股分红实行公司合作制，不仅促进了云南地方经济的发展，更推动了国家基础建设的进程，同时也缓解了红塔集团自身电力不足的问题，可谓是一举多得。

在褚时健的设想中，澜沧江水电站 20 年后就可以达到每年净利润约 300 亿元，这对带动一方百姓致富及享用低价电力能源无疑将起到重要作用。在褚时健投资未来的战略思维里，时间长度已经纵跨到 20 年后的时光，彼时的他透过当下看未来，已经具备了产业与资本运作的思维。

烟外出击，褚时健站在改革的潮头，开始了在能源板块的谋篇布局。毋庸置疑的是，褚时健这种精英战略布局的思维与他对时代变化的敏锐感知、自身丰富的见识及他的宏观视野息息相关。

几十年的时光转眼过去，国内的烟草行业经过几番发展变化，不再是曾经高速增长的状态。虽然后期褚时健入狱，红塔集团在澜沧江水电开发有限公司的股权只剩下 12.6%，但他曾经为红塔集团所开拓的多元化战略布局，产生的经济回报持续到了几十年后的现在。

## 进入金融

在《管理未来》中，德鲁克写道："演出必须继续下去。"这句话同样适用于褚时健的企业经营思维，在跻身电力行业的同时，他并未停歇，又辗转进入了金融行业。

红塔集团进入金融领域是在 1995 年。在进军金融行业的过程中，褚时健计划实行三步走战略：第一步参股，第二步成为大股东，第三步则是成立中国最有实力的金融控股集团。

时机来得刚刚好。在国家政策的鼓励与支持下，大型国企财务公司通过股份制改革成为股份制银行，前身为北京首钢财务公司的华夏银行也不例外。他们希望红塔集团能够参与股份制银行组建当中。褚时健自然不会错过这个机会，他在快速反应之后仍旧定下了强势条件：足够股份占有量；必须是发起人。华夏银行再三权衡之后，同意了红塔集团的条件。

但条件之下是，红塔集团必须在七天内打入投资款项 5.4 亿元。三天之内，红塔集团的汇款到账，成为华夏银行的第三大股东，这也意味着红塔集团开始进入金融领域。

在金融行业的投资布局中，褚时健的脚步是快速而准确的。他先后在华夏银行、交通银行、光大银行等众多银行中取得了董事席位。银行之外，他又朝保险证券继续行进，带领红塔集团以第一股东的身份建立了红塔证券。此外，包括太平洋保险等都有红塔集团的股份。这块金融领域拼图，在褚时健的一手引领下逐渐完整。

20 世纪 90 年代，在敏锐感应资本市场的变化中，褚时健带领着红塔集团在金融领域迅速投资扩展，使红塔集团的金融布局领先于国内其他的大型国有企业。

## 进入交通

在 1992 年，国务院副总理朱镕基到玉溪视察工作时，褚时健与朱镕基谈到了对企业未来发展方向的规划。

对于褚时健谋划未来多方面发展的战略思路，朱镕基给予了肯定。当时国家已经出台政策扶持“一汽”，因此，朱镕基给出发展能源与交通的建议，这也是后来褚时健投资澜沧江水电站的原因之一，同时也启发了褚时健朝交通领域布局。

当时，一方面玉溪至昆明的交通状况非常差，车祸频发，另一方面车流量在逐渐增大。俗话说，要致富，先修路。考虑到玉溪烟厂的货物运输，以及对当地百姓生活的改善，1996 年 8 月份，红塔集团与云南省交通厅签订了一份双方共同出资建设道路的协议。

这条投资建设的公路就是昆玉高速，是云南第一条六车道高速公路，也是昆明至曼谷国际大通道的起始路段。昆玉高速起于昆明市官渡区鸣泉村，终点在玉溪市高仓，总长不到 100 公里，路基宽 26.5 米，设计行车时速 100 公里，总投资 25 亿元，其中 13 亿元由红塔集团出资。

昆玉高速公路是云南省第一条由企业出资控股并参与建设的高速公路，1997 年 11 月 16 日工程正式开工，历时约两年竣工。其中，红塔集团作为控股方，享有 30 年收费权。

事实证明，褚时健的战略布局谋划合理。高速公路修建之后，粗略估算一年收费可以达到 6 亿元，除去道路维修费用，仍然能够达到 5 亿元左右。

在红塔集团任职期间，褚时健实现了非烟领域的版图扩展，他在能源、金融、交通行业都留下了浓墨重彩的一笔。在这期间，永远为未来做打算的管理理念贯穿在褚时健企业经营的每一步里。

在国家宏观发展政策的指导下，褚时健实行多元化的战略布局，为红塔未来几年甚至几十年的发展开拓了道路。褚时健协调企业发展与国家发展规划的步调，一方面协助国家完善基础设施建设，另一方面实现了企业投资未来的战略布局。

立足现在，着眼未来。在非烟出击中，褚时健已经明晰地考虑到未来的红塔集团发展脉络。他对未来的把控及系列的战略布局，无不体现了一名企业家的经营思维。

## 敢于放弃

企业家的战略思维并不只是努力向前，还有一种急流勇退的勇气和智慧。真正的经营大师，需要懂得在适当的机会进退。

褚时健说："在机遇面前，做好充分准备，要想抓住机遇，必须先做好'笨功'（质量），机遇虽好，但不能急功近利，要做个'老实人'。"

1980年5月30日，《人民日报》社论《把交通运输放在先行地位》中提道："现代交通运输应该处于国民经济的先行地位。"随后多年，国家对以汽车为代表的交通运输业十分关注。

从国家政策中，褚时健敏锐地感知到了汽车行业的未来发展前景。他判断，汽车一定会成为未来的主流，不久的将来，汽车就会普及到每个中国家庭。巧合的是，在云南当地就有一家汽车制造公司。玉溪卷烟厂资金雄厚，如果对其投资，一年就可以生产汽车 40 余万辆。

1992 年 5 月，在褚时健的带领下，玉溪卷烟厂投资 3.2 亿元与云南轻型汽车集团联合成立“红塔轻型汽车股份有限公司”。消息一出，引起了各方的关注，但是时间不长。熟悉中国和世界汽车行业状况的人，很快就发现这是一个重大的失误。

当时褚时健急切地想要打破企业产业格局，便在没有了解汽车行业的前提下，做出投资 3 亿多元的决定。之后，褚时健在国外访问期间专门到汽车厂进行了考察。经过考察研究后，他发现一个致命的错误：汽车这行不能干！

当时褚时健心里算了一笔账：汽车中单个模具的投入是 1000 万美元，年产 10 万辆车，一年换一次，每辆车上模具的花费就得 100 美元，这完全是不赚钱的。

心中盘算一番后，他冷静下来，向领导申请停止投资。当时领导顾及已经投入的资金，犹豫不决，褚时健表明：“汽车讲究的是经济规模，年产达不到 30 万辆，在市场上没有竞争力。不只是三五亿的事情，再来 10 亿也不行，这是上百亿的问题。云南在烟和有色金属上具有优势，但是在汽车方面却没有优势，这样造出来的汽车在市场上也是没有竞争力的。”

经过各方努力，玉溪卷烟厂退出了合股公司。战略不仅是做加法，也需要做减法，敢于放弃比敢于行动更关键。对于拥有丰富选择的大企业来说，这一点至关重要。往往我们面临众多选择，却无从抉择。

## 围绕市场走

褚时健说过，谁先按市场规律办事，谁就立于不败之地。他的经营其实是始终围绕市场在做，比如做烟的时候，采用特约销售点的模式，因为市场需要真正的好烟，需要权威的渠道；做橙的时候，他借助互联网快速打开销路。这是靠他对市场的敏感度，知道用户在哪里，用户的痛点是什么。

众所周知，企业存续的最大价值，是生产适销对路、受消费者欢迎的高质量产品。换句话说，如果企业生产出来的产品质量很好，但消费者不喜欢，说明企业的产品策略存在问题，自然难以获得很好的经济效益。同时，如果企业生产的产品价格便宜，但质量太差，消费者意见很大，其经济效益同样无法提高。因此，企业围绕市场走，是亘古不变的生存法则。

现代管理学之父、管理大师彼得·德鲁克曾说过，没有尽善尽美的战略决策，最佳的战略只能是近似合理的，而且总是带有风险。

比如烟草，这个行业与一般行业不同，烟草及其制品是一种非常特殊的消费品，有其自身的特殊性，但任何一家烟厂同样有来自同行业的竞争。为了能在当时的大环境中打赢对手，褚时健想了不少办法。其中“名烟串换”就是一个曾引起广泛关注的做法，通过围绕市场大做文章，褚时健展现出与众不同的市场敏锐度。

褚时健非常尊重产品，我们也可以说他是一位产品极客，总是想尽一切办法把产品做到极致。褚橙的质量达到一定程度以后，市场销量困扰着他，而对市场的灵敏反应让他迅速打开了市场。

褚时健对市场的敏感度，一方面是与生俱来的，另一方面，也是他善于独立思考长期训练出来的。他认为，一个企业，只有对市场保持敏锐，才能感知市场需求，按照消费者的真实需求生产出高质量的对路产品。与此同时，当产品质量提升到一定程度时，规模也要跟着扩大。但需求的标准如何定，如何实现产销两旺，也是一门艺术。

为此，褚时健提出，企业要跟着市场走，采用市场化手段。而市场化手段，就是根据市场经济的规律与要求，充分配置内外部资源，实现自身效益的最大化。

做企业的人都知道，有句话叫跟着政策走。在股市投资中，也有很多成功大师喜欢做趋势。褚时健无疑也是趋势大师。

20世纪80年代末期，国际上第三次戒烟运动席卷而来。其标志是世界卫生组织于1987年11月建议将每年的4月7日定为“世界无烟日”，1988年开始执行。在此之前，历史上曾经有过两次大规模的禁烟运动。

面对世界无烟日这一最新局势，褚时健再次展现出他惊人的预判力。所谓预判力，是对事物下一步的运行方向进行预先判断。好比打羽毛球，林丹能成为世界冠军，得益于他对对方击发过来的球路和落地有超高的预判准确度。

褚时健判断，第三次国际禁烟运动必将改变烟草的产品结构，其中“低焦油含量和安全型”烟预计更受欢迎。为了适应新的市场形势，褚时健开始调整和优化产品结构，花大力气采取新技术，降低卷烟中的有害物质含量。在产品结构上，把高档名优卷烟作为主攻方向，并开发混合型、疗效型产品。

事实上，在第三次国际禁烟运动开始前，玉溪卷烟厂就已经在提前开发更安全的产品。如果把时间再往前推，我们会发现，20 世纪 70 年代末，我国就已经出现滤嘴香烟，但当时人们生活水平不高，加之传统吸烟习惯还未得到改变，很多消费者觉得滤嘴香烟没什么劲，价格又高，滤嘴香烟并不好卖。

但褚时健对更为安全的香烟市场前景充满信心，认为这是未来的发展趋势。为此，他进行了充分准备。

没有调查就没有发言权，为了让产品开发战略更为精准，褚时健紧紧围绕市场需求做文章。他安排人手，专门收集市场信息，对城市、乡村、沿海地区等不同市场进行了充分调查。市场调查结果显示：滤嘴香烟的销量在发达国家已达九成以上，这种烟的销量在我国沿海地区也好于内地。这些反馈让他更加坚定了自己的判断。

很明显，经济越是发达的地区，对滤嘴香烟的接受度越高。结合滤嘴香烟在美国等市场的情况，褚时健认为，滤嘴香烟焦油含量更低，市场前景看好。为此，玉溪卷烟厂决定开发滤嘴烟，仅此一项，就增加了上亿元利税。

# 第二部分

# 经营方法

褚时健说："企业要在市场经济下长盛不衰，必须构建好自身发展的'等边三角形'，三角形的三条边分别是产品质量与适销对路、合理的价格、良好的外部环境。"

所有的经营其实都是有方法的，"等边三角形"的平衡需要技巧，这种技巧有人与生俱来，但多数人是通过后天的实践习得。褚时健的经营方法是对经营领域极大的贡献与提升。他的成功很难复制，但是他的经营方法值得借鉴。

褚时健很早以前说过，经营企业很简单，关注投入和产出，一个企业的经营之道在于追求投入的最小化和产出的最大化。

什么是投入产出比？简单地说就是项目投入资金和产出资金之比，即项目投入一个单位资金能够得到多少资金。褚时健接管戛洒糖厂和玉溪卷烟厂以后，无时无刻不在计算，如何得到最大化的投入产出比，从而根据企业实际情况等各方因素综合考虑，得出最大收益之法。对父亲的这一做法，儿子褚一斌也很了解："父亲不是冒进，而是在心里早就有一套账本，投入多少，会有多少回报，在他心里一清二楚。"

后来褚时健决定借钱种橙，他对朋友说，借钱如果赔不起就麻烦了，他的朋友告诉他："不要你赔。"褚时健回答："我那是开玩笑，我相信我赔得起。干事我们是经过调查的，有八九成把握的。"

作家先燕云在总结褚时健的经营智慧时，特别提到了经济效益。她认为，经济效益是褚时健能够在企业经营中立于不败之地的关键性因素之一。经济效益是一种动态关系，它所反映的就是投入产出比。他一生的经营哲学都集中在“投入”和“产出”上面，他将这两点发挥到了极致，经营时期遇到的种种困难，在经过时间的发酵和充分的总结过后逐渐升华为经营之道。

第五章

# 计算成本

如果不剪枝，果子结多了挂不住也是浪费。而且果实品质被破坏，橙子不好吃，谁还来买？别人的橙子8毛一斤，褚橙卖8元一斤，哪怕我们的成本更高，但多出的利润可不止几毛钱。

——褚时健

关于计算成本，在褚时健身上有一个典型案例。当年王石去哀牢山拜访褚时健，此时褚时健正在地里和农民讲价，一毛一毛地讲。成本这件事情，可以说是经营方法里面最需要注意的事情。经营的本质其实要做出效益，做出效益不外乎两个方向：减少成本和增加收入。

按照管理学的观点，企业在建立和发展过程中会形成成本曲线，商业的本质就是花最少的资源获取最大的利润。初创型企业因为规模小，生产能力弱，导致企业生产成本偏高；随着企业的发展，规模经济效应产生，成本逐渐摊薄，收益逐渐增高；随着企业发展遇到瓶颈，成本又会继续上升，企业就要采取一系列措施来寻求最佳的投入产出比。

如何保证企业投入的最小化？关键就在于控制成本，如何将生产投入成本最小化成为当务之急，生产投入成本追求最小化的第一步在于如何计算成本，将各个环节的经营成本统筹考虑，做出最适宜企业的成本决策，褚时健将计算成本这一细活做到了极致。

企业成本模式与竞争优势。在企业经营过程中，每个企业的成本结构不同将会为企业带来不同成本节约之道。例如，某些企业注重企业的品牌知名度，企业会将大量的资源用于广告推广、渠道建设等方面，那么在进行企业成本分析的时候就需要着重考虑这一环节，以便做出最优于成本结构的决策。

理解成本的构成。在企业经营过程中，一定不是所有的成本都能一股脑地节约和减少，有些开支固然在当前看似是多余的，但是将时间维度拉远来看，就可以发现现在的投入对将来将会产生优势。理解成本的构成能够知道哪些环节的成本是可以削减的，哪些是必需的。

寻找成本控制关键点。在产品生产制造环节，成本是适当分散的，某些环节的成本可能在整个成本中占比非常小，在这些环节中削减成本可能会浪费企业的精力。因此，在实施成本控制环节时，首要应该寻找成本的积聚地，在成本占比最大的地方尝试用创新的方法来减少成本。

## 技术控成本

技术控成本的逻辑很容易理解，通过技术的提升，可以直接精准控制质量，减少次品率，产品的成本自然也就降下来了。比如褚橙基地用了很多的技术，以确保果品的质量。

青年时期的褚时健经历的磨难远比常人多，家人相继离世给他带来了沉重的打击，同时也给当时年仅 15 岁的他留下了一层死亡阴影。父亲的死带给他的打击是最大的。自 1942 年被炸伤以后，父亲在家里躺了将近一年，什么事情都干不了，整天都只能躺在床上，脾气开始变得暴躁，开始怨天尤人，想不通一个明明白白的老实人为什么会遭此厄运？

父亲躺着的这一年里，母亲一人挑起了生活的重担，整日奔波劳累，当时也就只有大儿子褚时健能够帮帮她。最终父亲还是走了，生活的困难在他面前变得具体起来，那一瞬间他似乎长大了。有时候，不是自己能够决定做什么事，而是形势要求你必须这样做。就这样，褚时健开始了他的经营之路。

年仅 15 岁的褚时健一夜之间长大了，他将家里的烤酒坊接过来，开始烤酒、卖酒。这个酒坊的重要性不言而喻，自己的学费和日常花销全部要从烤酒坊里挣出来。面对数百斤的玉米，要把浸泡、蒸、发酵、出酒这些烦琐的步骤全部做好是多么困难，可是他却熬过来了。生活的困难并没有击倒他，反倒养成了他不服输和创新的信念，同时也从烤酒的过程中收获了负责任、做事认真的好品质，这些品质为他未来的创业奠定了基础。

为节约成本，青年时期褚时健提出了很多创新想法。烤酒最重要的环节在于发酵技术的稔熟程度，经过无数次的实验和经验总结，褚时健得出结论：要使酒出得多且品质好，温度是主要的决定因素。他根据反复试验发现，37℃—38℃是烤酒的最佳温度。

在如何控制温度的问题上，褚时健也想了很多办法。最突出的一件小事就是，每次蒸玉米掉下来的炭都不扔，而是用烂铁锅装着，塞在发酵箱下面，这样就可以提高发酵温度，出酒效率因此提高了 15%。从这样的小细节中可以看出褚时健对成本的重视。

## 管理控成本

褚时健既算大账，也算小账，比如他的砍树行动，做出这样的管理决策，背后的逻辑还是提高产品质量，最终和成本是连接在一起的。

对褚时健来说，从工业化模式生产卷烟，到投身农业，种植褚橙，首先要面对标准化与非标准化的巨大差异。而作为数千年来看天吃饭的农业，有自身的特殊性，自然因素制约太多，要想做成功，谈何容易！

工业生产，只要品控管理到位，除了极少的次品、废品，最后面向市场销售的成品从外观、质量到使用寿命上基本一致。农业则完全不同，尤其是种植业，即便在一块地里，采光、朝向、通风、灌溉、施肥等任何一个环节稍有不同，最后长出来的东西口感都会不同，甚至千差万别。褚时健在种褚橙时这一点的感受颇深，但作为一位精细化管理专家，他有自己的解决之道，那就是在尊重自然规律的基础上，进行标准化种植。

同一棵柚子树，树顶的柚子因为日照充足，个大，肉甜，水多，而树底的柚子因为被树叶遮挡住阳光，不但个小，卖相难看，而且口味更酸。

但褚时健的褚橙却打破了人们对于农产品的固有看法。从种植到包装，褚橙都高度标准化。统一包装标准很容易，少量种植的褚橙做到标准化也不难，但要让漫山遍野的成品橙子，从味道、果型到颜色基本统一，实在是难以想象，尤其在种植环节，存在太多的变数。但褚时健却做到了。

北京嘉博文生物科技有限公司的首席科学家于家伊博士曾去褚橙基地和肥场调研，在她看来，褚时健种植冰糖橙在肥料投入、用药等方面已经形成了一套行之有效的良好体系。国内很多号称现代化的农业公司无法规模化种出品质一致的产品，归根结底是管理和种植上的标准化不够。不要说农业，就算是规格统一的工业品生产，只要某个环节或零件生产标准化不够，或标准执行不严，最后的制成品要么报废，要么当次品贱价处理。

其实，在褚橙出现之前，国产水果长期饱受“标准化之痛”。因为缺少标准化，水果的高端领域多年来一直由进口水果垄断。按理说，中国是水果生产大国，无论是品种丰富度还是产量，并不需要靠进口水果来解决需求。但一个残酷的现实是，进口的高端水果无论是卖相还是口感确实比国内的同类产品好很多。尽管进口水果价格更高，却吸引了许多中高端消费人群。

国产水果之所以遭遇尴尬，关键是标准化缺失。在一些农业强国，每一颗水果在上市前都会经过严苛的筛选，种植、采摘、分拣、包装、销售、运输等环节都有固定标准，消费者无论何时买到和吃到，其规格和品质几乎都一模一样。长期以来，中国农业领域在标准化方面似乎有一些无可奈何。

通过确立严苛的技术标准和对标准到位的执行，褚时健用行动证明，农业生产的“一致性”是完全可以做到的。

综合来看，褚橙的标准来自两个方面：一个是先摸索确定技术性标准。具体来说，什么时候施肥，肥料的组成是哪几种，每次施肥的用量是多少等都有标准，而为了建立起可操作的标准，褚时健做了多年的试验。另一个是标准制定出来后的执行。再好的技术标准，如果执行不到位，效果肯定打折扣。因此，作业技术标准建立后，果农们必须按照标准实施，比如一天之内，多少亩的园子必须完成病虫害处理。

褚橙在老基地种植成功以后，决定扩展新的基地，比如龙陵的 3 万亩土地。这个基地从流转土地到下苗到挂果，我每年去一次，全程参与下来，很大的感受是，基地的标准化程度非常高。

因涉及褚橙管理和运作的商业机密，这里不再继续展开，回到褚时健的经营方法上来，他的所有经营的基础支撑来自于优质的产品。在褚橙出名以前，褚时健的多数时间都花在提高产品品质上。

其实外界所知道的管理的细枝末节根本不足以概括褚橙上游管理的标准化，很多国内农业的巨头参观以后都啧啧称奇。

种植的环节很多，要想把褚橙从田间地头到上市进入消费者手中的每一步写完，实在太过庞杂，但我们可以从每一棵橙树在用水方面的细节，来窥探褚橙标准化上的精细程度。

在褚橙果园，每排橙子树下都缠绕着一条黑色塑胶水管。对于这个细节，王石曾经问过褚时健，是不是用的滴灌技术？后者的回复是，是以色列的滴灌技术，价钱虽然高些，但因为当地太阳太大，如果采用喷灌是不行的。在种植业中，因为阳光、透风、间距、位置等不同，农产品经常长得大小不一，形状各异。而滴灌技术就能很好地解决橙子大小不一和外观差距较大等问题。不论果树种在高处还是低处，得到的水量是一致的，这样才能保证果实的标准化。

当然，褚时健在基地的管理上，还有更多极致的做法。比如，每棵树只留 240 朵花，每棵树每年施 150 公斤有机肥，每年剪 3 次梢。正是这种在外人看来难以想象的做法，确保了褚橙品质的高度一致，因而受到消费者热捧。

褚橙的成功，并非自然而然，它得益于标准化生产，而标准化的制定和推广，正是来自对品质把控极为严苛的褚时健。好的生产管理奠定了成功经营的基础。

## 规模化控成本

褚橙为什么要建新基地？褚时健的经营中充满精益思想，在获得试验性成功之后，需要扩大规模，提升效益。这个效益不仅仅是褚橙公司的企业效益，也包括社会效益。

请注意，规模化的前提是小规模已经取得一定的成功，而且这些成功具备可复制性。

亚当·斯密曾描述他参观一个针厂的情况，他写道：一个人抽铁丝，另一个人拉直，第三个人截断，第四个人削尖，第五个人磨光顶端以便安装圆头。其中，仅仅做圆头就有两三道不同的工序。由于规模化生产，针厂每个工人每天生产几千枚针。他得出的结论是，如果每个人是独立工作，而不是以团队形式，“那他们肯定不能每人每天制造出20枚针，或许连一枚也造不出来”。由此可见，大针厂因为规模较大，比小针厂的人均产量更高，每根针的平均成本更低。

在经济学中，规模效应是一个高频词。所谓规模效应，有时也称规模经济，即因规模增大带来的经济效益提高，反映的是经济规模引起的投入与产出比率的变动。

任何生产都是有成本的，成本通常有固定成本和可变成本，生产出来的产品要实现盈利，销售收入必须超过生产成本，反之就会出现亏损。其中，固定成本不变，生产的数量或规模越大，单个产品中的固定成本就越少，赚取的利润就越多。不过，值得注意的是，所谓规模扩大，也有个适度原则，并非越大越好。

比如，一个打火机厂，之前每天生产 5 万只打火机，每只成本为 0.3 元，出厂价为 0.5 元。后来，通过技改，每天生产的数量达到 8 万只，每只成本降至 0.22 元，这就是典型的规模效应。倘若，每天生产的数量达到 15 万只时，是不是利润率一定提高呢？答案是否定的。这是因为，企业产量达到一定规模后，会出现各要素相互制约、平均成本上升的情况。即便分摊到单个产品上的固定成本降低，但可变成本会上升。比如，一下子生产出太多的打火机，以往的销售渠道已经不够用，势必得建立新的渠道，而建立新渠道，就需要招聘人员，增加差旅费，推销的效果一旦不如预期，产品只能放在库房，占用流动资金。

褚时健有自己的一套成本控制方式。他在褚橙的管理上，就采取了规模化的种植方式。关于这一点，可以从褚橙的规划种植面积、公司农户数目、项目规划情况等方面得到佐证。其中，褚橙戛洒基地种植面积3000亩以上，龙陵基地规划种植总面积超过3万亩，是全国同品种果园中最大的单品基地。这种大规模经营的模式，使褚橙基地摆脱了传统农业单家独户的经营局面，实现了对资金、土地、农户、农产品等资源的合理优化配置。同时，这种规模化生产方式使基地有条件投入大量人力物力来提高农场的机械化操作水平、产品科技含量、后期开发销售程度以及产品附加值，农民增收、产业发展等问题一并得到解决，也在一定程度上促进了国家的扶贫开发事业。

此前很多人认为，借助现代科学技术，农业市场可以实现规模化生产。但因为农业的特殊性，实现规模化之后，标准化难以保证。褚时健通过成功打造出褚橙的案例，将规模化和标准化的融合在农业领域拓展开来。我们显然不能用简单的成功来评论这样的努力，可以这么说，褚时健在农业领域创造的奇迹，是新中国农业史上的一次壮举。希望这样的案例在中国大地上越来越多，它为追随者提供了一扇窗口，让大家看到了希望和可能。

第六章

# 技术驱动

我了解烟草种植，我认为农作物的种植是相通的，无非是光照、肥料、灌溉等知识。我晚上睡不着觉，就看专业书，白天和技术人员实践，遇到大问题就请教专家，不断地学习。

——褚时健

这一节我们谈论提高经营效益中技术的驱动。我们再来看一个褚时健的经营故事。首先要说明的是，我们对经营的理解绝不仅仅只是看财务报表，经营是有多个方面的，而且有很多方法。比如面对领导班子内部的分歧，如何把大家聚拢到一起，这个也是一种经营。

褚时健也时常面临领导班子的内部分歧，他是怎么做的呢？有一次在最后的决策会上，他为同事们讲述了一个妙趣横生的寓言故事：

有一个晚上，有这么一人坐在自己的小屋子里沉思，忽然听到敲门声，他问：“谁呀？这么晚敲门。”门外一个声音说：“快开门吧，我是机会。”这个人想了一会儿说：“我不开门，你不是机会。”外面的声音说：“我是机会，快开门，要不然我可走了。”

“你走吧。”

外面的声音说："我确实不是机会，但我想知道，你怎么猜着我不是机会？"

"这很简单，你敲了三次门，而机会只会敲一次门。"

褚时健希望为烟厂引进新的设备时，大家有争议，摆在玉溪卷烟厂面前的，到底是一次"机会"还是一个"错误"？

讲完这个故事，褚时健请卷包车间副主任乔发科给大家算了一笔账：新设备每箱烟能节省 15 公斤烟叶，按每公斤 5 元计算，一箱就可节约 75 元；新机器的折旧费是每箱 35 元，而旧机器的折旧费是每箱 17 元。如此一来，各项相加，使用新设备，生产一箱烟可获利 57 元，日产 50 箱烟，每天将节约 2850 元，每月将节约 8.55 万元。更重要的是，用新设备生产"红塔山"，仅加一个过滤嘴，单价就可从 5 毛 1 分涨为 8 毛 1 分，每包能增加 3 毛钱，一条烟就能增加 3 块钱。按照乔发科的计算，即使不计算节约的人工成本，使用这台机器不超过 3 个月就能收回投资，还清本息。

数据是能够说服人的。这些亮眼的数据打消了质疑者的疑虑。在褚时健的主张下，班子成员达成共识，最终同意引进 MK9-5 卷烟机。一年之后，这款全厂翘首以盼的先进设备终于来到了玉溪卷烟厂。

工欲善其事，必先利其器。后来的事实证明，依靠技术驱动，褚时健取得了烟厂的成功，在种橙上，他又一次复制了传奇。

## 糖厂的启示

褚时健烤过酒，管过糖厂和烟厂，他相信技术可以改变经营，所以无论做什么，都在思考改进技术。

众所周知，1979年，褚时健接到上级二选一的调令，是去塔甸煤矿任职还是去玉溪卷烟厂，褚时健选择了后者。这一选择拉开了褚时健的传奇序幕。

回看1979年，玉溪卷烟厂破败不堪：大量卷烟积压在库房，机器设备老化破旧，厂里派系斗争严重，员工人心涣散，玉溪卷烟厂的经营陷入困境。但对51岁的褚时健来说，这正为他提供了一个施展才华的舞台。

褚时健上任后的第一件事，便是迅速摸清玉溪卷烟厂的情况。他首先看到技术设备陈旧的问题。他认为卷烟大量积压是因为质量低下，而卷烟的质量与工厂陈旧的设备密切相关，烟厂90%的机器设备都是国外已经淘汰的20世纪40年代的产品，且使用年限已达数十年。这样一来，烟厂就面临着死循环：卷烟质量低下—盈利不佳、连年亏损—资金不足—技改成为难题—设备陈旧、产品质量难提升。

这与当初褚时健主掌戛洒糖厂时的情景何其相似。褚时健仿佛又回到了十余年前。

今天回头来看，褚时健烤酒是他走上技术改进之路的基础，这种思想真正成型应该在管理糖厂的那段时间，他在糖厂的经营上获得了重大的启示。

1963 年，褚时健被调往新平县的曼蚌糖厂担任副厂长，这是一家主营制糖和制酒的国有企业。褚时健上任后很快发现，糖厂每年亏损竟然超过 20 万元，能够存活下来全靠省财政补贴。褚时健对此进行了深入分析，发现根本原因是糖厂的榨糖工艺十分陈旧：糖厂里垒砌了一排土灶，灶上放着八口铁皮大锅，按照从大到小的顺序排着。其中最大的一口直径一米多。烧锅用的是木材，水磨碾过的甘蔗汁被倒进锅内熬煮。工厂工人需要一边烧火一边搅拌，劳动强度异常大，经济效益低下。当时出 1 斤红糖需要用 12 斤甘蔗，耗燃料 5.4 斤，100 斤甘蔗只能产糖约 9 斤，用的燃料高达 50 多斤。多年下来，厂区附近靠近江边的树木都被砍光了，只有上山去砍。

如此高耗能低产出的生产方式，必定造成巨额亏损。而改变这种生产方式首先就得从改进落后的生产设备开始。但是年亏 20 万元的企业根本没有资金投入设备更新换代上。最优的解决方案便是从改灶台和改燃料入手。这两样花钱最少，见效最快。

当时糖厂熬煮红糖的方式是高温煮、高温蒸发，不是煮过了颜色太深，就是结晶太硬打不烂。褚时健引进白糖的生产原理，低温熬煮低温蒸发，以此来提高产品质量。

他把燃料由木材改为甘蔗渣，每斤糖所耗燃料从5.4斤减到了1.8斤；原来糖榨3回，100斤甘蔗出糖量9斤；而新的低温蒸发工艺，让糖的一级品率从10%飙升至85%。那一年曼蚌糖厂销售额28万元，不仅填平了20万元的亏损，还盈利8万元。

## 拥抱新技术

我们每次去拜访褚时健，他特别关心行业里面有没有新的前沿技术和新品种，比如听说哪里种出了高质量的橙子，他会第一时间找来品尝。

如今的褚橙基地，集结了很多的技术力量，还设有院士工作站。

褚时健的经营中，随时都在积极拥抱新技术。

回到当年烟厂的故事上来，卷烟厂的现状与糖厂何其相似。老态龙钟的设备轰轰作响，好像一个唉声叹气的老人。要改变玉溪卷烟厂濒临倒闭的现状，就必须大刀阔斧地进行改革。而改革的起点，是生产资料的革新。

褚时健从小便对熬糖制酒耳濡目染，但是对生产香烟却一窍不通。那时他知道改变已经刻不容缓，但是向何处改、改成什么样儿却还一无所知。这就像一个充满激情的斗士，却找不到可一试高下的对手。

且不说褚时健这样刚刚进入烟草行业的新手，就算是在这行业里浸淫数十年的老烟人也不知道该如何改变。这是当时的历史条件决定的。刚刚改革开放的中国还不知道自己和世界先进国家之间的差距。那时的烟草从业者也还没见识过国外的先进技术和生产经验。盲人摸象自然毫无头绪。不过，既然改革开放的号角已经吹响，那么更广阔的世界必将展现于中国的面前。外国烟草行业的先进工艺也随着这一股春风吹入内地。

急于改变现状的褚时健嗅到了这股新鲜的气息，他带着同事踏上了开往上海的火车。这次外出取经，他最想看到的便是领先的东部同行是如何利用国外先进设备的。

当时长春、上海、昆明等地的卷烟厂已经开始着手技术改造。天津卷烟厂引进了日本MMC卷烟机，每分钟卷接香烟2000支，还配套引进意大利3000型包装机，每分钟能包150包香烟。这些先进的设备都配有烟支质量自动检测控制装置，不合格的香烟可以自动排除，有利于提高产品质量。

这些先进的设备对褚时健充满了诱惑力，他对同行们十分羡慕。

机会出现在1981年，当时云南省轻工业厅传来消息：国家将提供贷款，建议昆明卷烟厂和玉溪卷烟厂各引进一台具有国际先进水平的MK9-5卷烟机。这款MK9-5比之前同行引进的设备更加先进。它的设计能力是每分钟5000支，速度相当于好几台“新中国”卷烟机。省原料，单箱耗烟丝45公斤，可节约烟丝10公斤。最为重要的是，这种机器具有同位素射线测量重量、自动检测香烟质量等先进技术，卷出的香烟外观和吸味都比国产设备卷出的好出一截。

面对这千载难逢的机会，褚时健十分欣喜。这可是玉溪卷烟厂走向全国乃至全世界的机遇。但是巨额的售价却让玉溪卷烟厂内部陷入了巨大的争议。

当时一台MK9-5的售价是玉溪卷烟厂年可支配留利的近10倍，和玉溪卷烟厂的建厂总投资不相上下。要引进这一台设备，意味着卷烟厂不得不背上巨额贷款。

当时的厂内分为赞同和反对两派。反对派的同事对引进如此昂贵的设备提出了质疑：首先，MK9-5卷烟机单位时间的产量是“新中国”卷烟机的5倍左右，但售价却是“新中国”卷烟机的近60倍，从经济账目计算，引进 MK9-5 未必合算。其次，一台好的设备还需要配备技术熟练的操作人员，但是玉溪卷烟厂只有两三名大学毕业生，能否使用好它还是一个未知数。那时引进国外设备和技术常与“崇洋媚外”挂钩，甚至和“卖国”联系在一起，这种社会思潮无疑是泼向褚时健的一盆冷水，玉溪卷烟厂的工人也反对引进洋人的技术设备。

不过持赞同意见的也大有人在。两个年轻人坚定地站在了支持者的行列，一个是乔发科，另一个是陈志华。这两人虽然年轻，但是却在技术和管理方面表现出超人的长处。在玉溪卷烟厂的发展史上这两人将发挥重要的作用，不过在当时，他们也还只是工厂里的中层干部。两人积极主张引进新型设备，并将褚时健诸多技术和管理的构想付诸实践。

本章开始的那个故事就是褚时健为说服大家同意引进设备所讲的，我们在这个故事里看到，褚时健是一个善于讲道理的人，这个分析在前面的章节中已经讲过，也可以看到他的经营是有很多方法的。

# 善于动态平衡

优秀的企业家和创业者都具备何种品质？其中之一肯定是在有限的资源里，善于去做动态平衡和选择。

当你看到一条路的时候，各种资源不足导致不能走这条路，是否还有其他办法呢？

褚时健是如何做的？

1981 年 4 月，英国莫林斯公司的 MK9-5 卷烟机组来到玉溪卷烟厂。不过在正式投产之前，却发生了一段小插曲。

当时 MK9-5 卷烟机先于英国的技术专家到达了玉溪卷烟厂。厂里派乔发科和陈志华作为技术代表负责新设备的技术学习。两个年轻人看着这件昂贵的设备停放在车间里一动不动，十分心疼。如果早一天投入生产，那就能早一天产生经济效益。还未等英国专家落地，他们便迫不及待开始安装。这件事也得到了褚时健的支持。于是，由厂领导、技术人员和技术工人组成的安装调试小组立即成立。

按照合同，这台机器应当由英国专家前来安装和调试。但是这两人认为，如果能够自己动手安装，就可以多学许多知识。陈志华在厂里主攻机械修理，乔发科主要负责电器维修，这两人此前在厂里合作多次，推动了大大小小许多技术革新。这一次面对洋设备，他们既兴奋又紧张，倍感肩上责任重大。

两人带着团队吃住都在车间，一连几天对着工程图纸仔细摸索。靠着厚厚的说明书，竟然赶在英国专家到来之前完成了组装。等到英国专家到车间一看，这台机器已经运转自如，每分钟能够生产卷烟 2000 支。英国人对此啧啧称奇，不住赞叹。

这段小插曲成为 MK9-5 卷烟机与厂里工人的黏合剂。之前不少反对者担心，这套先进的设备会成为昂贵的摆设，但是现在这种看法不攻自破了。技术团队在没有英国专家协助的情况下就能组装、试产，到正式运用到生产中时，工人们的担忧也就烟消云散了。

不过就算老夫妻也会闹脾气，MK9-5 这个“新媳妇”在试产阶段还是让玉溪卷烟厂头疼了一会儿。

试车期间，这台在英国运行良好的机器，在玉溪卷烟厂表现却不尽如人意。按照设计指标，它能够每分钟生产 5000 支卷烟，但是实际生产量只有一半。乔发科和陈志华每天小心翼翼伺候着它，但是它还是成了爱闹脾气的“小姑娘”，三天两头出毛病。

两名英国专家调试了几天，终于找出问题所在。他们对褚时健讲道：“我们的设备没有问题，问题出在你们的原辅料上。”

原来这台先进的设备与国内产品不同。它不仅产量高，而且配备了先进的质量控制系统。按照这套质量控制系统的设计，无论是纸盘不合格，还是烟丝或烟卷不合格，机器都会自动停机。

褚时健在过去的一段时间里，也在围着机器观察。他把卷好的卷烟和卷烂的卷烟带回去仔细研究，最后不得不同意英国专家的看法。原因是找到了，但是应该怎么解决呢？他向英国专家求教。

这两名英国专家给出了两个办法：

其一，放弃电子质量监控系统，用人来管理卷烟质量，或者调低质量体系的指标，让稍次一些的卷烟也能生产。这两者都可以保证玉溪卷烟厂的卷烟生产产量。同时，就算放弃或降低质保标准，生产出来的卷烟质量还是好过以往。

其二，满足机器的原料指标，使用进口烟丝、滤棒和盘纸，或者进口一套英国莫林斯公司的制丝设备，专门生产高品质的烟丝。这两种办法不仅可以保证卷烟质量，而且一劳永逸。

褚时健听后沉默半晌，他的脑中其实已经有了决定。

玉溪卷烟厂引进如此昂贵的设备，绝不是为了区区一半的产量，更不是为了生产质量依旧落后的卷烟。做，就要做到最好，改革就要彻底！但是如果又要引进全新的制丝设备，这无疑超出了玉溪厂的承受范围。

褚时健掐灭烟头，说道："第二个办法，我们部分采用。滤棒和纸盘全部采用进口，因为国产材料目前确实还不过关，但是烟丝只能用我们自己的，要不然我们就成了洋烟加工厂了。进口机器我们一时半会儿还做不到，我们只有加强质量管理，争取尽快用我们的国产设备生产出高品质烟丝。"

要立刻解决所有问题，显然不现实。褚时健的方案算是一个折中的最优解。这台 MK9-5 前前后后调试了 45 天，终于进入了稳定的生产期。这 45 天不仅给全厂带来了巨大的经济损失，也让褚时健承受着巨大的压力。

烟丝原料无法一蹴而就地解决，只能慢慢提高其质量。但是在辅料上，却必须尽快落实。但在当时计划经济的条件下，要拿到进口辅料，可不是一件容易的事。也正因如此，后来就出现了著名的"名烟串换"。褚时健表现出随机应变的能力和超前的市场意识。他把串换来的辅料悉数投入到过滤嘴香烟的生产过程中。而那台天价英国设备也在投入生产后几个月便收回了成本。

## 追求效率

在褚橙的管理体系中，有专门提高效率的部门，分工更加细致。这些分工看起来增加了人力和智力的投入，但在效率方面，却让褚橙基地和其他基地拉开了距离。

褚时健的经营方法中很重要的一条是，他总是在解决问题，追求效率。

在解决了 MK9-5 卷烟机和辅料的问题之后，褚时健调动了全厂的资源来进行“红塔山”和“红梅”的生产。但是设备少，人力多，该如何提高机器设备的使用效率呢？

当时全厂上上下下都在思考这一问题，有人提出换班频率的增加会降低机器的使用效率，如果将原来的三班倒变为两班倒，把 8 小时工作制变为 11 小时工作制，中间留下两个小时来换班和检修机器，这个方法可以提高效率。

经过试验，这套方案确实能够增加产量。于是褚时健将其在全厂推广，全厂 2400 名员工全部被动员起来。

原本每天工作 8 小时便可以下班，现在必须辛辛苦苦工作 11 个小时。

当然结果也是可喜的。当年 9 月，玉溪卷烟厂已经完成了全年的生产任务。当时国家、云南省、玉溪卷烟厂之间形成了一个“分成制”契约：在完成国家指标后，超产部分由省里支配，而超过部分云南省又和玉溪卷烟厂再分配。这样，工厂工人们辛辛苦苦加班加点的成果，很大一部分就转变成了玉溪卷烟厂可支配的利润。

这部分利润转化为员工的工资和福利。1979 年，玉溪卷烟厂职工的工资年平均 300 元，1981 年增长到不到 700 元，1982 年突破了 2000 元。

关于用工模式，褚时健此后还进行了“单箱卷烟工资含量包干”等改革。这些措施的实施，激发了职工的积极性，玉溪厂的产量也节节攀升。

引进第一台英国 MK9-5 卷烟机，为玉溪卷烟厂带来的改变是不可估量的。虽然 1982 年由于“名烟串换”事件，褚时健被视为投机倒把分子，被当地纪委给予“党内严重警告”的处分，但是在 20 世纪 80 年代初经济改革刚刚起步的时候，玉溪卷烟厂已经走在了全国烟厂的前列。

现在回过头来看当初在决策会上讲过的那则寓言故事，我们已经能够给出明确的答案——机会只会敲一次门，这唯一的一次被褚时健抓住了。

引进英国卷烟机只是玉溪卷烟厂设备改革的序曲，在接下来的几年间，褚时健还将继续主导玉溪厂的设备改革。

设备革新对工厂效益的提升作用十分明显，玉溪卷烟厂已经没有员工再对此提出质疑，转而对继续引进新设备十分赞成。20世纪80年代初，中国的经济思想开始转变，市场经济处于萌芽状态，褚时健敏锐地意识到，政府对企业的管理将会越来越宽松，而自由竞争将会是市场的主流。

在这种情况下，产品的质量将决定着企业的生死存亡，而影响质量的关键因素无外乎原辅料和生产工艺。褚时健还清楚地记得上一次和英国专家的谈话。原辅料质量的提升和国外制烟机等设备成为他魂牵梦萦的诱惑。他下定决心要从这两个方面入手，让玉溪卷烟厂更上一个台阶。

## 时刻都要精算

日本经营大师稻盛和夫将会计视为经营之本，褚时健和他的经营团队，也在时刻计算成本，经营的账他很清楚，所以经营起来也能得心应手。

20世纪80年代初，国家为加速国有大中型企业的技术改造，在一些行业或企业实行了税前还贷政策，卷烟加工企业就是受益者之一。烟草加工企业税高利低，仅靠企业留利部分很难进行大规模技术改造。从1982年起，对烟草加工企业经批准立项的技改贷款实行新增利润税前还贷和以税还贷的办法。

这为玉溪卷烟厂提供了更为有利的条件。实行“利改税”的好处在于，它使国家和企业的分配关系以比较明确的方式固定下来，将国有企业作为独立的商品生产者和经营者纳入了所得税纳税人的行列，强化了企业经营的利润目标，使企业职工能从自身利益出发关心企业经营的好坏。①

与这条政策相配套的是云南省烟草公司与中国国际信托投资公司、华侨公司达成协议，由这两家公司提供外汇贷款，对云南省烟草公司所属企业的技术改造提供支持。

这是千载难逢的历史机遇，对于褚时健而言可谓天时地利人和。不过在他的脑海中对于引进什么样的设备和如何进行系统化的设备改革还没有明确的想法。那时改革开放的大门已经打开，向西方国家学习先进的生产

① 程永照，李辉．玉烟天下[M]．北京：人民文学出版社，1996.

管理经验势在必行。

1983年褚时健带着技术团队出访欧洲。他当时定下的三个目的地是英国、意大利和德国。这三个国家的几个设备品牌在全世界都有很强的影响力。在意大利，他们考察了由CD公司制造卷接设备的米兰和博洛尼亚的三家卷烟厂，并着重看了意大利设计制造的X1、X2包装车组。在参观德国豪尼公司时，褚时健和技术人员在他们的制丝生产线流连忘返，一看便是好几个小时。褚时健还收集了对方打叶机、风力送丝机等大量相关的技术数据，并带着材料回国研究。

这次出访让褚时健对设备改革的框架日益清晰。他的目标便是要让玉溪卷烟厂具备与欧洲企业一样的现代化的生产线和管理模式。

玉溪卷烟厂向省烟草公司递交了申请贷款的报告，他们希望从国外进口6台卷烟机、10台包装机。但是很快他们又将原计划扩大为10台卷烟机、12台包装机、2台滤嘴成型机、2台输送机，一共26台设备。引进外汇额度为2300万美元。

数额之大让省级主管部门咋舌。同一生产水平的昆明卷烟厂申请的贷款额度只有800万美元，而玉溪卷烟厂的数额是其近3倍。上级主管部门不得不对玉溪卷烟厂的申请报告提出疑虑：国内卷烟厂尚无如此大规模引进外国先进设备的先例，玉溪厂是否具备还贷能力？设备引进之后，玉溪厂是否能够发挥出设备的效率，实现生产管理水平的提升？在设备引进的策略上，是否应该循序渐进而不是急于求成、一步到位？

这份申请报告在上级主管部门的案头整整摆了4个月，无一领导敢批复。

褚时健不是一个轻言放弃的人。在主管部门疑虑重重的时候，他不停地往返于玉溪和昆明之间。在地区领导牵线搭桥之下，他终于在昆明的一次会议上，截住了当时主管引进工作的朱奎副省长。

上一次引进英国设备，褚时健让乔发科为玉溪厂职工算了一笔经济账。这一次面对省级领导，褚时健又发挥了自己的算账本领。在朱奎副省长专门为此召开的研讨会上，褚时健把心中的算盘打了一遍：

一台20世纪80年代、具备国际先进水平的英国MK9-5卷烟机，如果效率发挥正常，生产两个月所创的税利，和它本身的进口价值相同，而且产品质量更高、能耗更小；

玉溪厂之前引进的设备，无论在安装调试、操作、管理及运转情况等方面都达到了要求，得到外国专家的称赞，这说明玉溪厂有能力消化先进技术；

在技术迅猛发展的当今社会，设备迭代速度很快，只有直接引进最先进的设备，才能保证不会在短时间内被淘汰，这样可以减少固定资产的无形消耗。

“如果不出意外，玉溪厂顺利归还2300万美元贷款没有问题。”褚时健保证道。

最后，在朱奎的协调下，双方以褚时健立下“军令状”为条件达成一致。这条军令状写道：“保证3年还清外汇贷款，税利每年递增1亿元。”

在合约落定之后，玉溪卷烟厂将2300万美金的贷款悉数收入囊中。

备足弹药之后，褚时健在国际市场上放出采购设备的风声。如此巨大的蛋糕吸引了欧美、日本等多家厂商竞争。通过让各方竞价，褚时健将主动权握在手中，他带领技术团队轮番谈判、比较，最后决定引进德国豪尼公司的设备。此外，他还利用这笔外汇从英国、意大利、德国、荷兰、日本引进了100余条卷、接、包及制丝生产线。

设备引进之后，玉溪厂立刻组织职工学习和使用。褚时健希望能将投入尽快变为经济效益。随着机器一起到来的还有各国的技术专家。这些专家往返于玉溪和设备生产国之间，不仅帮助玉溪厂尽快掌握相关技术，还为公司的生产管理带来了先进经验。

不到5年时间，玉溪厂的生产规模和技术设备大大地跨上了一个台阶。1988年，玉溪厂的卷烟产量已经跃升至 100 万箱。这使得玉溪卷烟厂由一个偏居西南的中型企业，一跃成为全国规模最大、产量最高和效益最好的大型企业。

后来褚时健回忆道："只要能促进生产力发展，尽快改变工厂的面貌，不管个人承担多大风险，决不退后。要干成事业不担点儿风险怎么行？小心走路还会绊着个把石头。"①

不过，我们仍然可以看到，他在每一次经营上的出手，背后都有详细的精算支撑。

① 李开云，张小军．褚时健传 [M]. 北京：石油工业出版社，2018.

第七章

# 从产品开始

果农们经常会说我是个种地的，但很少说我是个种橙子的。这就可以看出，种植的本质就在于土地，土地好了，产出的不论是蔬菜还是瓜果，就不会差。

——褚时健

从烟到橙，我们都可以看到，褚时健对产品质量的重视，无论是拥抱新技术还是提高效率，万变都没有离开极致品质这一路线。他的激进也好，妥协也好，都是指从经营产品的上游开始，从经营产品的质量开始。

他曾对我们说，有问题不可怕，可以一个一个解决，关键是要有信心，要把产品的质量做好。

从 1980—1984 年，玉溪卷烟厂保持着烟草行业中最快速的增长势头。褚时健明白，这种增长主要有两方面因素：内部因素是设备引进和改革使质量提升；外部因素则是巨大的市场需求开始释放。

在这种供不应求的烟草市场格局内，褚时健极富前瞻性地意识到技术设备和优质原料将成为未来市场的核心竞争力。对于设备和技术的改进，褚时健已经有了明确的思路：全面引进，逐步更新。为此，他专门成立了技术改造办公室，负责研究和讨论烟厂的技术改造及革新问题。

但仅仅进行设备和技术革新是不够的，因为只要有足够的资金，每家卷烟厂都可以购买先进的技术设备。想要继续保持行业领先地位，玉溪卷烟厂还是得从烟叶原料上下功夫。

烟叶原料这个难题，其实不是第一次摆在褚时健的面前。

1981 年，玉溪卷烟厂引进英国第一套先进设备时，褚时健就曾因为原料问题遭遇“尴尬”。英国专家认为，机器故障问题在于玉溪卷烟厂的原料即烟叶和辅料的质量有问题，而非机器本身问题。烟叶原料的质量跟不上先进的设备，故而影响卷烟的产量与质量。

事实上，从国外进口的高端机器设备生产效率较高，相应地，其对于烟叶原料的质量要求也较高。进口设备相当于一个“质检员”，它通过的就是优质品，它没通过的就是残次品，这台三天两头闹毛病的“洋玩意”恰恰说明了卷烟厂的原料质量还有待优化。

到玉溪卷烟厂的这几年，褚时健也花了不少心思研究国外的名牌卷烟。烟叶原料质量的高低直接影响生产出来的卷烟品质，这个问题的解决迫在眉睫。

褚时健经营烟草的成功，也是解决产品上游来源的成功，他的这种成功路径在他的管理中和后来创业中都有很明显的体现。

## 好的烟叶自己会说话

好的原材料才是产品质量的第一要素。做好烟，种好橙，褚时健是一位产品极客，他在经营任何一项事业时，都力争把品质做好，他对产品上游的原材料要求十分严苛。

烟叶质量，其实不仅仅困扰着玉溪卷烟厂，也困扰着云南这个烟叶大省。云南省历届政府发布的与烟叶生产相关的文件，有很多都在关心烟叶发展及质量问题。

1979 年，云南省政府就曾提出认真抓好烤烟生产和烤烟质量。

虽然云南省种植烟草有自然优势，但长期以来烟草质量参差不齐。人们都在为烟草的生产质量而焦虑，褚时健也不例外，但褚时健又与他人有所不同，当众人还在依据传统经验，根据国家标准来衡量烟叶质量时，褚时健的目光就已开始瞄准了世界，对标世界。他觉得奇怪的是，与云南气候条件相近的美国弗吉尼亚州也是著名的烟草产地，每年却能产出不少质量上乘的烟草。于是，他试图寻找到一条能充分发挥云南本地的自然条件、充分调动玉溪卷烟厂主观能动性的烟叶生产道路。

对于云南种植烟草的自然优势，他毫不怀疑。

首先，云南地处中国西南部的云贵高原，基本属于亚热带高原季风气候，气候温和，雨量充沛，阳光和煦，是天然的烟草生产宝地。

其次，云南的日照和降水也有利于烟叶生长。

云南的土壤土质也是烟草种植的一大优势。云南全省的自然土壤多达十几种，烟草种植多用红壤、黄壤、石灰岩土、紫色土等，这些土壤偏酸性，土质松软，排水通气性好，白天水分蒸发土壤干燥，晚上表土回潮，这样的土壤特性有利于烟草生根扎根，发育健壮。

依托云南种植烤烟如此明显的自然条件优势，针对当时玉溪卷烟厂的烟叶质量问题，褚时健只有一个模糊的想法，自行种植从根本上把控烟叶质量。但对于烟草种植的质量标准到底如何确定，他也在摸索。

这种持续深入地思考，是褚时健解决问题的特点和方法。面对问题他从不退缩，而是把解决问题作为经营的出发点。

## 让专业人士加入

事情的转机出现在 1984 年。当时世界著名烟草专家左天觉在云南通海县考察烟草。

美籍华人左天觉是世界著名的农业专家、烟草专家，曾服务于美国烟草公司和美国农业部。改革开放后，他回到中国并做起了中国烟草顾问的工作。这一次受褚时健邀请，他来到了云南通海，指导烟草种植。

日照长，热量充足，降水丰富，良好的水热条件使云南烟草赫赫有名。但云南的烟草，在烟草专家左天觉看来还有很大的弊端：

第一，种植时间过晚。云南烟农通常按照传统经验进行种植，以致错过最佳种植时间。按节气时间来说，烟农选择在小满种下 30% 的烤烟，芒种种下 50%，芒种之后种下剩余的 20%，比美国的烟草种植整整晚了一个月，也就使得烟叶生长期不够，烟叶大多发育不良。

第二，施肥错误，主要包括肥量不足和肥料结构错误。按照美国每公顷烟田 1500 公斤化肥的使用标准，美国每亩烟地的化肥施用量超过 100 公斤，而云南烟地每亩施肥量才 40 公斤，施肥量过少直接影响土壤的营养结构，影响烟叶的生长发育。再加上好的烟叶生产需要有合理的化肥搭配，其主要的营养元素氮、磷、钾的最佳比例是 1:1.5:2，而云南烟农施肥主要用氮肥，氮肥能够增加产量，但只施氮肥却不能够保证烟叶的内在质量。

第三，种植密度过高。美国的烟地通常一亩种植 1050 棵烟草，土地质量偏好的烟地也才每亩种 1100 棵烟草左右。而在云南，每亩烟地烟草种植多达 2200 棵，种植密度过高导致阳光只能照到烟草顶部，无法做到充分照射。

第四，采摘过早，成熟度不够。优质烟叶需要含糖量与含碱量比例适当，美国烟叶的糖碱比例基本保持在 10:1 以下，而云南的糖碱比例为 28:1，糖量过高，卷烟自然不够味醇。通常成熟烟叶、糖碱比较低的烟叶的表面有褐色的烟斑。而云南的采摘烟叶并没出现这种褐斑，说明烟叶采摘过早，成熟度不够。

褚时健听了如醍醐灌顶，原来云南的烟草质量问题出现在这。中国烟农都是根据传统经验种植，而美国却早早机械化，将种植烟叶的各个环节都严格进行量化。相比较而言，中国的烟农并没有将传统经验与现代科技相结合的意识。对标世界烟草标准，原来云南烟草种植技术还有如此多的可改进之处。

褚时健相信技术，但不迷信专家，他总是习惯更深入地调研。在把握住关键问题之后，褚时健决定亲自去国外考察学习。在左天觉的安排下，褚时健带着一行人远赴美国，他们的目的在于考察美国是如何种植烟草、如何加工香烟、如何成就一个个响当当的香烟品牌的。对于烟草种植的知识，他们如饥似渴。从美国东部历史悠久的烟草基地弗吉尼亚州到西部的加利福尼亚州，一行人进行了为期 4 周的考察，认真学习了美国烟草种植的选种、栽种、施肥、采摘等各个环节，视野大大开阔。

褚时健说："去美国看一看，看到美国的烟叶，我们总算搞清楚了什么才叫成熟。人家在田里的烟叶确实养得成熟多了。如果不去美国看看，虽然从左天觉那里也能了解不少，但心里还是感觉不踏实，而看过之后，踏实了，有谱了。"

此时，想要自己生产烟叶的念头也在褚时健的心中愈发清晰：与其和竞争对手四处去抢优质烟叶，不如自己按照科学方法种植，把核心原料掌握在自己手中。归国以后，褚时健仔细对比了中美两国在种植烟叶上的差异，尤其是与弗吉尼亚州对比后（因为该州与云南地理环境相似），进行了详细地分析。他认为相比较美国，中国的烟草种植也具有优势：首先，美国优势在于烟草种植机械化程度高，烟田成片，但劣势在于劳动力资源紧缺，劳动力成本高，这恰恰是中国的优势。其次，中国的烟田精耕细作，烟叶的挑选及加工都有严格的加工管理，而且对于美国烟叶的大多数优点完全可以学习。褚时健树立了信心：中国一定也能产出优质的烟叶，甚至超过美国。

回顾这一段历史，今天的企业家和创业者拥有更多接触专业人士的机会和平台，成功的关键在于对专业的敬畏和认真。

## 精益试验

褚时健是一位精益创业家，他的想法也符合工业化生产的流程，从小试到中试，然后再到量产。在提高烟叶质量、控制上游生产物料来源上，褚时健同样采用的是这样的办法。这个经营思想和他一个一个解决问题，然后再复制成功路径的思路融为一体。

与烟草专家的直接对话，加上大开眼界的美国之行，褚时健自己种植烟草的想法再也按捺不住。已经知道怎样种植出好烟草，怎样生产出一流香烟后，他迫不及待地想要建立起玉溪卷烟厂第一个“优质烟草种植试验基地”，就在通海县。

虽然在左天觉的透彻分析下，通海种植烟草还有不少问题，但正说明了通海烟草种植的成长空间巨大。利用通海的自然优势，按照新的技术标准来指导烟农种植，褚时健想试一下能否种出和美国一样的优质烟草。这样一来，优质烟叶原料将促使玉溪卷烟厂进一步提高卷烟质量，占据更大的市场份额。

一个生产卷烟的工厂厂长来参与烟叶生产，在那个年代无疑是新奇的。那时，自《烟草专卖法》出台后，烟草公司负责统一调拨卷烟的原料，烟草专卖局负责销售卷出的香烟，而卷烟厂只负责生产卷烟，从不插手烟叶生产。因此，当褚时健兴致勃勃地找到通海县烟草公司领导时，惨遭回绝。

在与烟草公司合作无果时，褚时健能想到的唯一办法就是寻求当地领导的支持。幸运的是，褚时健急于解决的烟草质量问题，也正是当地政府所考虑的问题，对于优质烟叶基地的试验，当时的领导人表示大力支持。最终试验基地选择了通海县的黄龙、云龙、碧溪、九街、大梨5个乡，14个社，1347户烟农的1768亩烟田。

具体的试验措施有两个关键点：第一是搭建科学指导班子，由玉溪卷烟厂从云南省烟草科研所邀请的专家，加上从玉溪地区烟草公司、通海县烟草公司抽调的部分科技人员，以及5位既有科技修养又有实践经验的特聘农村科技员，共同组成优质烟叶科学试验的科技班子，专门负责指导烟农进行科学的烟草种植。第二是玉溪卷烟厂将和烟农们签订联产承包合同，共同承担试验风险，让烟农放心种植，严格按照科学方法进行种植。在忐忑与期盼中，通海县优质烟草试验就这样开始了。

就在褚时健和通海县商定合作开展烤烟试验的同时，玉溪市赵桦乡的乡长找上了褚时健。这是1985年初春的一天，赵桦乡被确定为进行主料烟栽培试验示范试点，但由于没有资金支持，乡长亲自登门找到褚时健，希望玉溪卷烟厂能够借款5万—10万元用于种烟试验。

褚时健两眼放光，他认真听完乡长的阐述，说道："我们可不可以订一个合同，你们的农民按照我们的方法种烟，烟草交给我们，种烟的钱由玉溪卷烟厂来出？"乡长欣然接受。

很快，玉溪卷烟厂和赵桦乡463户烟农约定，由云南省烟科所做技术指导，烟厂出试验经费42.28万元，在650亩烟地上用新的方法试种、采摘烟草。同时实行全奖全赔，每亩产值不足500元时，由烟厂赔偿，而超出的部分则全部归烟农。这是褚时健再一次试验的机会，他紧紧抓住了。

所有人都在等待着1985年的收获季节。

不负众望，褚时健在通海和赵桦乡两地的试验取得了惊人的成功：共 2418 亩的烤烟田平均亩产为 373 斤，比当时全省的平均亩产高 131 斤，平均每亩产值达 572 元，比全省的平均产值高 354 元。更为重要的是，上等烟叶的产量比上一年增加了 30%，中上等烟叶的比例更是高达 80%，这完全达到了美国优质烟的水准。

此时褚时健的经营智慧也显露无遗。在建立试验基地之前，卷烟厂内有人认为这是多管闲事，工厂还去管农村的事；有人认为这是犯傻，用自己的钱去帮别人。褚时健则认为，企业要发展，目光一定要长远。他曾先后六次召集大家开会，给大家算经济账，验证试验基地的投资是值得的。事实证明，仅仅是增加的 30% 的上等烟叶，在经过加工成为高档香烟后，就能为卷烟厂带来 140 万元的税利，建立试验基地的投资回报率达到 1:5，收益是投资的 5 倍，这笔生意最划算不过。

试验基地不仅验证了科学方法的种植效果，还是一种突破性的体制尝试。对玉溪卷烟厂和褚时健来说，通海和赵桦乡是两种不同的接触方式。一次是褚时健主动出击，寻找合作伙伴，一次则是由别人找上门来，成为伙伴。似乎是毫无关联的两件事，却成就了褚时健的同一个想法，那就是把负责加工的工厂和负责原料生产的农村，以前所未有的方式紧密地联合起来。烟叶质量及生产效益的提高是两个试验基地可喜的结果，更为重要的试验因素是联产承包合同下的利益联结机制，它隐隐撼动着带有禁锢色彩的烟草体制。

同样的方法其实也出现在后来褚橙的经营上。为了提高基地的土地质量，基地反复试验有机肥的配比，褚橙基地自制的有机肥甚至成为基地第一款新产品，被其他企业采购。

## 因市场而变

经营的方法，是适应市场需要的方法，褚时健的经营方法是找到市场，占领市场，然后拓展市场。他总是因市场而变，走出了一条漂亮的经理人之路。

继续回到烟草行业。20 世纪 80 年代，我国处于计划经济时期，由于烟草行业的特殊性，其生产发展遭遇体制的重重阻碍和束缚。

玉溪原有的烟草生产运转从体制上分为三块：一块是烟草种植，由农村负责；第二块是烤烟的收购、调拨和卷烟销售，由烟草公司和烟草专卖局负责；第三块是卷烟生产，由卷烟厂负责。这三块生产体制的分割和各自经营，将本来一条延伸线分成几段，造成了烟草生产人、财、物、资源、技术等生产要素的分割，难以实现优化组合和充分调配。在这个链条里，烟草生产的各种经济关系不协调，无法形成整体的生产活力，极大地妨碍了生产潜力的发挥，影响获得整体的经济效益。

褚时健也意识到了这个问题。1985年优质烟草试验的成功让他欣喜，但同时也让他苦恼。因为在那时的体制下，哪怕只是试验也算越界之举。按照当时的《烟草专卖法》，这种工厂与农村直接合作的新方式随时可能被终结，并追究当事人的责任。且烟草公司当时已明显表露出不满的态度，他们的说法是：褚时健的桶伸到烟草公司的井里打水了。

而对于玉溪卷烟厂全部的原料需求来说，试验田种植的烤烟产量只是九牛一毛，想要从根本上解决卷烟厂的原料问题，至少玉溪大部分地区的烤烟都得按照试验田的方法种植，这无疑会触及更多烟草公司的利益。就算烟草公司不干预玉溪卷烟厂支持烟农种植优质烟草，但它能够把种出来的优质烟草调拨到别处，调给别的厂使用，那玉溪卷烟厂的投入将付诸东流。所以，归根到底还是体制限制了发展。

为了打破原有体制的产、销、原料三个环节的壁垒，玉溪卷烟厂的领导们不断地讨论，这时，褚时健提出建立统一烟草新体制的想法。他曾细细分析了中国的《烟草专卖法》，要解决体制问题，核心在“专卖”二字，只要不打破专卖，不违反专卖政策，就能够找到发展空间。于是他的脑海里出现一个大胆的念头：把烟草公司、卷烟厂、烟草专卖局合为一体。这样不仅能解决烟草种植、香烟生产和销售问题，还能够保证政府的专卖。

当时全国烟草的生产加工都是按照原有体制运行的，褚时健的构想无疑是对烟草体制的大胆尝试和创新。这是没人敢干的事情，而褚时健敢想敢干，这不仅需要勇气和信心，也体现了褚时健对玉溪卷烟厂实际情况、企业经营水平、企业发展实力的充分了解。

褚时健开始寻求云南省政府的支持，税利引导是他的一大王牌。1986 年，在云南省分管烟草的副省长朱奎安排的办公会议上，褚时健依旧采用擅长的迂回战术和税利引导方法。他先是陈述玉溪卷烟厂近几年的发展态势，利税连年上涨，可预见的发展前景十分美好。而后他谈到主题，按照传统的方法种植烟草是产不出好烟叶的，没有好烟叶企业效益就差，而企业效益差则利税就会下滑。解决的办法唯有扶持原料端，现阶段，农民本身的经济实力做不到按照国际科学方法种植，此时体制保障就非常重要。只有变革现在的体制，农民才能没有后顾之忧，按照标准去种植烟草。

这时褚时健才讲到重点，提出搭建烟草种植和香烟生产的新体制——“三合一”体制：专卖局局长、经理、厂长由一人担任，三块牌子、一套人马、一个领导；继续实行厂长、经理负责制，对两烟实行统一领导、统一管理、统一计划、分别核算、共负盈亏，形成一个将产、供、销、加工有机结合起来的农工贸经济实体。种植的烤烟归烟厂所有，谁投资谁受益，烟草公司、卷烟厂、烟草专卖局可以合一施行。最后他表明“三合一”体制的目的就在于让玉溪卷烟厂的税利快速增长，增长的最大受益者就是云南省政府。

对于褚时健的发展思路，上级部门都表示认同。为避免决策带来过大风险，最终采取会议纪要的形式肯定“三合一”体制，将玉溪烟草公司、玉溪卷烟厂、玉溪地区烟草专卖局进行合并，并限定在玉溪地区试行。玉溪卷烟厂实施“三合一”体制后，过去体制分离、生产分割、相互摩擦的状况得到改善，一个统一领导、协调管理、运转自如、实力雄厚的“两烟”生产的强大企业——玉溪企业崛起。

对比当时的烟草体制，“三合一”体制是一次重大突破，其优势十分明显。首先，新体制解决“两烟”生产中由于分管而产生的原料供求矛盾。工厂根据烟叶生产要求，严格把关收购烟叶质量，不仅改善了工农关系，也促进了“两烟”生产效益的提高。其次，新体制较好地解决了原本生产关系与生产力不适应的矛盾，打破了城乡分割、工农分离的体制，农工商紧密结合，创造出整体的经济效益，从而保证玉溪卷烟厂生产出优质名牌烟。最后，新体制也是对传统农业的现代化改造，改变农业的生产方式，使自然资源条件得到改造和合理利用，为烤烟上山创造良好的基础条件，从而解决烤烟发展中粮烟争田、粮食发展与烤烟发展的矛盾。在新体制运转下，烤烟生产的总量和质量结构不断地优化提高。

可以说，玉溪卷烟厂在全国取得骄人成绩，其强有力的竞争优势就得益于褚时健的极致品质思维与远见。在“三合一”体制实行后，褚时健一边抓质量一边抓工作，同时调整和处理好烟厂与分公司的内部关系，解决双方职工收入不平衡的问题，扶持烟农并有效地促进“两烟”生产的发展。褚时健也坚持干部高标准和任人唯贤的原则，健全各级领导班子和工作班子。[①] 在玉溪卷烟厂的发展中，“三合一”体制的运转起着关键的作用，促使工业与农业、地方与企业有机地连接起来，达到步调一致、协调发展。

---

①《红塔山传播集》编委会 . 红塔山传播集（1986—1994）——通讯篇 [M]. 北京：经济日报出版社，1995.

## "第一车间"开在田野

1986 年是玉溪卷烟厂发展最为关键的一年。

前一年试验基地取得的成功，加深了褚时健对生产与原料之间的关系的认识，他决定继续扩大与烟农的合作，把原料生产大规模地纳入自己的怀抱。同时在他的不懈坚持下，1986 年云南省政府终于认可"三合一"新体制，一举打破了以往的烟草体制桎梏。有了政府的支持，褚时健准备放开手脚，大干一番。

玉溪卷烟厂开始大范围推广试验基地的种植经验，建立起玉溪、通海、江川三个优质主料烟基地，示范田 1 万多亩。同时在全地区其他各县与 37 个乡的 8930 户烟农签订合同，栽种优质主料烟的烟田多达 5 万多亩。为了优质原料，在试验基地的基础上，褚时健进一步扩大原料生产基地的规模，将"第一车间"开在田野。

关于玉溪卷烟厂的"第一车间"，云南省委书记普朝柱曾在《中国优质烟叶发展的道路》一书中题词：城市加工工业的发展必须和原料生产基地的建设相结合，真心实意地把原料基地当作工厂自己的“第一车间”来扶持和领导，坚持互利原则，按经济规律办事，保护烟农利益，是玉烟成功的一条重要经验。

“第一车间”的战略决策是褚时健基于玉溪卷烟厂的发展实际，对经营组织方式的一次突破，开创了一条以工业介入农业、一体化发展原料生产的新道路。

这样的路子，与褚时健后来操盘种橙，其实如出一辙。后面的事情，这里暂时不做介绍。

在“第一车间”的烟田里，“按规矩来”成为褚时健的口头禅。所有参加优质烟叶栽培的烟农必须接受技术员的指导，从量地、整地、栽种的行间距、棵间距，到施肥总量、肥料结构都必须按规矩来，这是一种标准化生产的方式，符合玉溪卷烟厂建立“第一车间”的目的——“以烟养烟”“以工建农”。

以往大多强调“以工补农”，但玉溪卷烟厂不仅仅是对烟农种烟进行补助，更为重要的是加大农业的生产性投资，改变落后的烟草生产方式，建立起农业自身的造血功能，使烤烟生产向现代化农业的方向发展，从而给工厂提供更多优质烟叶原料。在这一过程中，现代大工业集中经营与传统农业分散经营进行了变革性结合，由此形成玉溪烤烟组织经营和农村合作经营的新型组织。①

① 黄求燕．中国优质烟草发展的道路·玉溪优质烟叶生产腾飞奥秘研究 [R]. 昆明：云南玉溪卷烟厂，1995.

工农结合，建立原料生产基地“第一车间”的举措，是对当时的经营组织方式的一种探索。

首先，它将农业与工业以前所未有的方式紧密连接起来，工业对农产品的生产产生作用。以卷烟厂的发展需求为导向，组织烟叶原料的有计划生产，避免了资源的浪费和不合理运用。同时以工业投资为推动，实现了农业规模化经营。玉溪卷烟厂不断投入物质技术，使传统的烟叶生产方式得到改造，农村的分散经营进入了适度规模化的生产。

其次，它充分发挥了企业集中经营和地方行政管理的优势。玉溪卷烟厂和各级政府领导根据生产需要和市场需求，对烤烟的生产进行统一计划安排，然后再进行统一的规范指导种植，建立起产前、产中、产后的生产服务，协调配合各个有关部门，共同提高卷烟生产效益。在这个意义上，“第一车间”不仅仅是玉溪卷烟厂的事，而是整个玉溪地区的事，事关玉溪市甚至云南省整个烟草行业的发展。

最后，它体现了组织联系的强大协同作用。企业经营的烟草公司和地方政府组织的村社互相协作，双重经营管理，充分调动了农户的积极性。从总体结构来看，这种组织是一种联系广泛、十分松散的联合，没有过多的组织层级及约束，但实际运转起来，整个烟草生产销售的联系却十分紧密，充分调动了企业、地方政府、农户个体的积极性，激发了烟草生产的活力，推动烟草行业更为快速地发展起来。

在褚时健和各方人员的努力下，“第一车间”不负众望，迎来丰收果实：1986 年，上等烟叶比例 14.2%，到了 1988 年，比例高达 36%；中上等烟叶综合比例高达 85%，比肩美国，超越巴西和津巴布韦。玉溪卷烟厂的名声就此在业界传开，并形成了强大的长尾效应：“第一车间”的成功获得了省政府的密切关注，试验基地在全省推广；1987 年，玉溪卷烟厂超过上海卷烟厂，成为业界领军企业；1988 年，来自四川、贵州、湖南等种烟大省代表前来玉溪取经学习。到了 20 世纪 90 年代中期，当地烟农收入水平大幅度提高，在全国名列前茅。

“第一车间”开在田野的秘诀在于，同样的产品，因为上游原料品质的变化，到了产品环节，就会发生质的变化。比如他刚到糖厂的时候，糖品的质量分成三级，质量差的三级糖占比很高，可是在他管理之后，三级糖基本没有了，一级和二级糖的数量大大增加，利润自然也提高了。

褚时健的“按规矩来”有非常多的标准，比如种植褚橙的时候，每棵树只留 240 朵花，这样可以保障每一个橙子获得足够的光照和养分。这是规矩，这个规矩可以增加优质果的数量。

## 减少参与者的压力

褚时健经常说，凡事想着别人，让别人占便宜。帮助别人就是帮助自己，无论对朋友还是对社会，宽容都非常重要。

从他深入上游抓烟叶质量到二次创业种植褚橙，总是和农民打交道。我们可以看到，对于产业的参与者和合作者，褚时健总会减少其压力，帮助他们获得更好的收入。

1985 年，玉溪卷烟厂为试验优质烟叶的种植投入了 50 万元，1986 年“第一车间”大面积铺开后，卷烟厂投资达 281 万元，到 1987 年投资增加到 1280 万元。越来越多的投资用于“第一车间”，补贴烟农、烟叶、烟地等方面，以保障“第一车间”的成功运作。

当时，对于“第一车间”的试验烟田，褚时健认为重点在于科学种植。对标国际标准，种植密度和施肥比例的问题都容易解决，但烟叶成熟度的问题，却挡住了褚时健的步伐。想要成熟的烟叶，就必须推迟采摘时间，而采摘烟叶的季节正是秋冬交替之际，极有可能采摘得迟了，一场冰雹就把烟农整年的辛苦破坏殆尽。这样的赌注，对于烟农来说实在太大，他们承受不起。于是，在烟叶尚未真正成熟时，烟农们就把烟叶采摘了。

深谙经营之道的褚时健明白，如果不解决烟农的顾虑，即使他们知道推迟采摘时间能得到更好的烟叶，还是会选择尽早采摘，因为那样至少能保证他们一年的收益。要想让烟农们心甘情愿地等待烟叶彻底成熟，就必须为他们提供强有力的收益保证，使烟农在利益与风险上得到平衡，烟叶质量才能彻底改善。经过一番思考，为永久性免去烟农的后顾之忧，褚时健决定，由玉溪卷烟厂出资，给所有试验的烟叶买保险。

给烟叶上保险，在那个连人都很少有保险的年代里，简直闻所未闻。

那时保险意识比较薄弱，为了让烟农们彻底放下顾虑，褚时健承诺，如果遇到灾害，保险公司每赔偿一元，烟厂再赔付一元。这样的双重保障，打消了烟农的顾虑。有了保障，烟农都按照标准要求，在试验田的烟叶彻底成熟之后才进行采摘。玉溪卷烟厂的烟草质量，一下就有了质的提升。

有一年，云南受到了大面积的冰雹灾害，试验田中的烟叶被大规模破坏，仅玉溪卷烟厂就向烟农们赔付了近500万元。这件事愈发让烟农们对玉溪卷烟厂、对褚时健产生信任和忠诚。类似的举措，在褚时健的经营哲学中处处显现。真正的企业，不是压榨员工的机器，而是能让员工和企业共同获利，这才是企业长效发展的正向机制。

不仅给烟农赔偿，给烟叶买保险，玉溪卷烟厂还出资在 90 个村子建设抽水和引水工程，改善当地山地的水利条件。玉溪既是“玉烟之地”，又是“滇中粮仓”，粮烟争地的矛盾在玉溪地区表现得尤为突出，人多地少，人均耕地不足 1 亩，其中山地占一半。

当时，云南省提出关于发展烤烟的决策表明，只有把发展烟叶的重点转向山地，充分利用宜烟面积，深挖山地烟的潜力，才能解决粮烟争地的矛盾，进一步发挥“两烟”优势。[①] 要解决粮烟争地矛盾，要发展山区、半山区旱地烤烟生产，必须先改善山地的生产条件，其中最重要的是建立水浇地设施。褚时健明白，这不仅仅是玉溪卷烟厂“第一车间”的发展需要，更是关系整个玉溪地区烟草行业发展的大事。

于是，玉溪卷烟厂大力配合政府开展的水浇地工作。1986 年，玉溪卷烟厂投资澄江县 53 万元用于试建水浇地工程。当年种植水浇地烟 1200 亩，平均每亩增产烟

① 黄求燕．中国优质烟草发展的道路·玉溪优质烟叶生产腾飞奥秘研究 [R]. 昆明：云南玉溪卷烟厂，1995.

叶30.5公斤，上等烟叶增产7.5%，亩产值增加134元，试建水浇地工程取得了成功。随后，包括玉溪卷烟厂在内的众多企业纷纷投资，玉溪地区建立起更多的水浇地工程，不仅一定程度上解决了粮烟争地的矛盾，还为玉烟企业取得优质原料创造了良好条件，政府和企业互惠共利。

其实在“第一车间”开始的那几年，玉溪卷烟厂并不富裕，1985年所得利润不过4000万元，而设备引进还欠着巨额的贷款。但褚时健毫不动摇地坚持对“第一车间”的投入，这和他的经营思想不无关系。

作为一个利益平衡的大师，他知道“第一车间”的建立是有百利而无一害的。事实证明，“第一车间”在大规模实施的第一年就取得了巨大成功，不仅提高了烟叶的生产质量，改善了农民的生产生活条件，还增加了政府的税收、企业的利润。所有的参与者在推动它发展的同时，也获得了自身的利益。

后来褚时健总结，所谓的利益均衡分配，就是有钱大家一起赚。

第八章

# 机制是把钥匙

以前我在玉溪烟厂当厂长的时候，每天都要干12个小时。我对我的员工说，你们干8小时，我就给你们8个小时的工资，干12个小时，我就给你们14个小时的工资。那个时候我们的资金不如人，装备不如人，牌子不如人，只能没日没夜地干，工人的积极性就这样调动起来了。

——褚时健

同样是开荒，为什么褚时健带着全村人干，没有人饿饭？同样是管厂子，为什么褚时健可以把厂子带到全国领先？

如果把生产过程抽象为一个函数过程，那么所有经营都是在追求最大化投入产出比。在输入部分生产资料不变的前提下，管理就是在追求过程处理的最优。

基于上述认识，褚时健通过引进设备进一步提高了制约生产效率的天花板，又通过“第一车间”原料革命解决了生产资料输入的品质问题。解决好生产函数中资料与工具的问题后，褚时健开始将全部精力投入到下一个制约生产的瓶颈——机制因素之中。于是，一场轰轰烈烈的内部机制改革开始了。

机制是一把钥匙，可以打开经营的大门。

## 自负盈亏

1978年11月24日晚，安徽省凤阳县凤梨公社小岗村的18位农民聚集在一起开了一次秘密会议。经过讨论，每个人都在一份“包干保证书”上按下了鲜红的手印，这份承诺称：我们分田到户，每户户主签字盖章，如以后能干，每户保证完成每户的全年上缴和公粮。不再向国家伸手要钱要粮。如不成，我们干部坐牢，社员保证把我们的小孩养活到18岁。①

在1978年，这份承诺书有着生死状的分量，堪称一次创举。通过包产到户的方式，过去吃大锅饭的旧体制被彻底改变。在这之前，农民只是单纯的生产者，平均主义的分配方式导致生产效率低下。而包产到户之后，农民成为经营者，可以获得增加的产量，生产积极性自然大幅提高。比如，签署保证书后，小岗村当年粮食总

① 杨雪．小岗村大包干带头人严宏昌：带头搞分田到户，是这辈子最自豪的事[N]．华西都市报，2018-05-28(2).

产量超过 60 万吨，人均收入达到 400 元。

4 年后，这种创新方式被确定为制度，纳入了国家文件中。1982 年，中央关于农村工作的“一号文件”正式出台，明确包产到户、包干到户都是社会主义集体经济的生产责任制。经济学家周其仁曾评价说，对于 8 亿中国农民来说，包产到户是邓小平领导中国改革伟大戏剧的第一幕。[①]

1993 年，褚时健带领玉溪卷烟厂争取到了产品销售权和定价权，扩大了企业经营自主权。从经济学层面看，这一举措与包产到户同理，都是自主权的获取，其意义十分重大。可以看到，农民经营自主权的实现引发了农业经济乃至国家经济的大变革。而企业经营自主权的获取，则能够调动企业生产的积极性，激励企业大发展。

在计划经济时代，全国实行统购包销，企业的生产和销售都在国家计划内统一安排。在这样的制度下，企业的活力受到了极大的压制。随着改革开放的深入，市场被逐步放开，经济制度不断完善，为企业获得更多的经营自主权创造了条件。许多时候，企业制度的改革创新与国家制度关系紧密，尤其对于玉溪卷烟厂这样的国有企业而言，一项企业制度变革离不开国家政策的支持。

① 周其仁．中国做对了什么：回望改革，面对未来 [M]. 北京：北京大学出版社，2010.

另外，相对于民营企业，国有企业的制度改革更为复杂，因此要滞后一些。

在计划经济下，玉溪卷烟厂 90% 的产品都由云南省烟草公司销售部销售，剩下的 10% 才由厂里自行销售，但主体仍然是统购统销。在省外的销售价格，由省烟草公司和厂里各自定价，以“红塔山”为例，省公司定价为每条 40 元，而厂里的销售价为每条 50 元，省外所得的流通税利每年就会流失 20 亿元。对此，褚时健认为，企业应该自主经营、自负盈亏，把产品销售权和定价权交给企业，企业有了“两权”，才能面向市场。

尽管他在接手烟厂时就意识到了统购统销的消极作用，并认为价格应该由市场供求决定，但他没有立即发起制度改革，而是等待时机成熟。这一等就是 10 年，1992 年，时机终于出现了。这年初，邓小平同志发表了“南方谈话”，推动我国改革开放进入下一个大发展阶段。此后，全国全面展开价格改革，社会主义市场经济体制最终确立并占主导地位。在这一时期，改革的重点是从中央到地方都大面积地放开一批商品劳务的价格。对粮食、生产资料等重点产品的价格进行结构性调整，对大部分工业生产资料实现单一市场价。① 这就意味着，烟草

① 中国社会科学院财贸物资经济研究所“价格改革”课题组．治理通货膨胀 深化价格改革 [J]. 财贸经济，1988(12)：3-10.

产品也有机会摆脱统购统销的束缚，根据供求关系调整价格和供应量。

实际上，这是我国在价格改革上的第二次“闯关”。1988年上半年，中央提出要加快价格改革，强调市场的调节作用，助力企业实现自主经营。然而当年八九月份，全国物价疯狂上涨，价格改革被迫停止。这一次闯关虽然以失败告终，但却是一次必不可少的尝试，它的总方向并没有错，而且还为1992年的深化改革提供了重要借鉴。

外部环境给企业发展创造了开放自由的经营条件，玉溪卷烟厂成功取得了产品销售权和定价权，在制度激励下打开了更大的市场。1993年的5月23—26日，在郑州举行的全国卷烟计划衔接会上，玉溪卷烟厂第一次把自己的产品全面推向市场，直接与订购方确定产品销售方向、销售价格并签订销售合同。在短短三天之内，玉溪卷烟厂与全国各主要销售区正式签订1993年下半年供货合同超过100份，卷烟成交总量达18.1万箱。

在这一轮制度创新改革中，褚时健率先打破均衡，引领企业走在改革前沿，增强了竞争力，为日后成为亚洲第一的烟草企业打开了局面。在市场竞争中，先动性的管理者倾向于保持积极主动的态度，并通过行动表现出来。因此，在别人踌躇不前的时候，褚时健有信心采取行动，敢为人先，这与他长期观察市场、深谙宏观经济和国家政策密切相关。

## 克服平均主义

充分给予经营者权力，同时需要配合深度的激励机制。褚时健说："无论我干什么，都有很多人铁着心要跟着我，这里面的秘诀是：我关心他们，他们也关心我。我可以帮助他们尽快改变现状，尽快达到他们的目标。"

20 世纪七八十年代，中国普遍实行计划经济体制，即国家有计划、有目的地调节重大经济活动。烟草行业因其特殊性，国家更为重视，从种植到销售都有严格的计划及指标。在这样的时代背景下，全国大大小小的卷烟厂只需等着国家下达生产计划，然后按部就班地到烟草公司领取原料，进行生产。什么市场、什么竞争他们通通不管，安心吃"大锅饭"就好。玉溪卷烟厂也不例外，自诞生之日就吃着"大锅饭"：企业吃国家"大锅饭"，员工吃企业"大锅饭"。工人的长期懈怠，生产积极性不高，使得当时玉溪卷烟厂各项效益均低于全国烟草行业的中下水平企业。

人是生产力中最重要和最活跃的因素，可以说企业的任何生产活动最终都要靠人来完成，一旦作为生产者的人生产积极性不足，那势必影响整个企业的生产。正是认识到这一点，褚时健在接手卷烟厂后，积极探索发挥工人的生产积极性的方式，首先他想到了利益刺激，改进收入分配制度。

在计划经济时期，烟厂普遍实行大一统的传统工资模式，这种“大锅饭”式工资模式有三个显著特点：

1. 国家指令性计划直接控制工资总额；

2. 实行级别工资制，劳动者按国家政策和计划指标确定工资级别；

3. 以人为估计的办法评估作为工资依据的劳动量。

这种工资模式的假设是：影响劳动力输出的决定性要素是个体的工作能力与劳动时间，只要按级别评估工作能力，按时间统计劳动量就可以量化劳动力对生产的贡献。显而易见，这种方式限定工作时间，但对工作效率及质量并无限定，干多干少都一样，劳动者自然没什么积极性。

为克服这样的平均主义，从 1980 年开始，褚时健在玉溪卷烟厂先后搞过综合奖、单项奖、计分算奖和超定额奖，希望通过奖励来调动员工积极性。但事实证明这种小改革成效有限。当时的褚时健陷入了一个激励困境：如果“平均分配”是不对的，那按照什么新规则来分配才对？

1981年，褚时健赴湖北襄樊学习。在那里，他接触到一种新的收入分配方式——“浮动计件工资制”。这一制度从按劳分配原则出发，将产量与劳动者的收入回报挂钩。如果劳动者超出某一产量“定额”，就能获得相应比例的奖励，如果低于“定额”则会受到处罚。这种按劳分配的方式打破了“平均主义”的分配弊端，看上去实操性很强。

相比较按时计酬，计件工资制是一种将工资与劳动力的效益与质量相挂钩、进行激励的方式。以往，按时间来量度劳动力的方式，量度成本较低，劳资双方容易达成合作共识，但它最大的问题是量度目标与工作目标分离，也即量度与激励相互分离，导致支付给劳动者的报酬无法发挥它应有的激励作用。

这是因为，过去管理者在关注激励机制时，一般看到的是“刺激→反应”模式，也就是关注那些引发行为的刺激。俗话说“有钱能使鬼推磨”，可拿了钱的鬼不见得会去推磨。针对这个问题，美国心理学家斯金纳提出“反应→刺激”模式，关注行为结果给行为者带来的刺激，并由此形成了他的激励强化理论。斯金纳认为，与行为前刺激相比，对行为结果给予刺激更为重要，他指出“激励来自对行为后果的强化”。

激励强化理论为我们指明了按件计酬优于按时计酬的根本原因。计件工资制的量度方式将劳动者的工作成果与所获回报紧密联系起来，进而实现了“对行为后果的强化”。

但是计件工资制的实行也有难点，首要问题就是如何细化不同部门和岗位上的劳动量标准，形成一套有效的衡量体系。简而言之，就是如何设定“定额”？假如定额设定过高，工人们难以达到，频频受罚，积极性反而会被重创；假如定额设定过低，工人们很容易就能超过设定目标，获得高额奖励，激励机制成本和可持续性都成问题。

问题还不止于此。“定额”通常意味着按生产数量统计工作成果，但“计件”只体现了“产量”指标，而产品是质量、成本与产量三项关键指标的集合体。经济学家张五常的“履行定律”说，如果物品或生产要素指定是以某量作价成交，购买的人需要付出的监察或监管费用会因为该量被算了价而下降，但没有被量度作价的其他量的监察费用会上升。根据此定律，若单纯以产品件数来量度劳动力生产要素，产品所用的物料消耗和产品质量就不可控，不可控的部分最终将以监察费用的形式体现出来。因此，必须辅以一定的监察手段来保证劳动力达到生产所要求的效用，制定相应的制约指标十分必要。

## 新分配机制

就这样，褚时健反复思量着机器、人及产品三者间的关系，一种源于“浮动计件制”却不止于“浮动计件制”的全新分配机制开始在他脑海中逐渐成形。

1982年11月，褚时健决定突破行政管理手段，开始在玉溪卷烟厂二车间的无嘴烟生产线上试行全新的分配机制——“单箱卷烟工资奖金含量包干制度”。即厂里对车间计件，车间对工人计件，该制度实际上是工资、奖金与产量挂钩的箱烟工资总额包干浮动办法，也就是工资总额与卷烟物量挂钩。计算公式为：

工资总额 = 箱烟工资含量 × 卷烟合格品入库数

箱烟工资含量 = 核定后的工资总额基数 / 核定后的卷烟产量

制度约定，员工工资总额随产量上下浮动，但产量最低不得低于核定定额。若低于定额，每箱按箱烟工资含量的 110% 倒扣。此外，如果产品中出现不合格产品，扣除该员工当月应得工资总额 15%—20%，若生产的全部为合格产品，则奖励工资总额的 2.5%。

在全新的计件工资分配制度试行过程中，褚时健认为最关键的问题是如何公平、合理地“定员定额”，制定出让工人们心服口服的标准。比如，一台机器到底由几个人来操作最合理？一个人操作生产量达到多少不扣罚、超过多少给奖励？为了把“定员定额”标准定得公开公平，褚时健要求劳动部门和厂里的管理人员亲自到每个岗位上去了解情况，包括工人们操作需要多少道工序，多少人才能把一台机器运转好，等等。

1981 年，在褚时健狠抓劳动定额管理的工作之下，玉溪卷烟厂形成一套劳动定额管理制度，其中定员定额改革主要分为两部分：

一、机关科室的定员按岗位核定，不搞因人设事，消除人浮于事现象。奖金定额按职务和岗位，比照车间同等职务及岗位情况核定，一般保持车间平均水平的 70% 左右。

二、车间的定员根据各种设备的岗位设置，参照部颁标准及历史最好水平，核定单机用人，以及按比例核定辅助工、出勤工、管理人员的定员标准。

在制定岗位额度标准时，褚时健要求劳动部门的人换上工作服亲自上阵去试。由劳动部门的人和工人们一起参加三天劳动，然后再来定员定额。褚时健多次强调："你要公平，他才积极。处罚他了，他也心服口服。你乱挂些数字在那里，完不成就要处罚，他不会服气的。工资多拿了，其他人又不服气他，别的工种也不服气。"

显然，褚时健探索定员定额标准的做法触碰到了问题的核心。在自然科学与行为科学领域广泛存在着"正态分布"现象，劳动者的工作绩效水平完全可以用该现象来描述。正态分布也称高斯分布，其分布特征是一条中间高、两端低的曲线。从正态分布看，表现极好与极差的人永远是少数，当其他关键条件（比如生产工具）相同时，大多数人发挥出的绩效水平不会有太大的差异。褚时健对核定的假设是，如果劳动科的人经过几天的劳动训练都可以达到某一水平，那么常年在这个岗位上工作的熟练工怎么会达不到呢？

就这样，秉持严谨的工作态度，褚时健和劳动科的人一处一处地摸底，很多岗位重复三四次才把标准核定下来。在核定过程中，他们还会发现某些岗位其实人浮于事，某些机器根本用不着那么多人操作。比如，过去要四个人操作一台的卷接机，定员定额后发现只要两个人就足够。

同时，除了定员定额，褚时健还强调根据生产设备的设计能力，确定生产车间的台时产量和开动机器数。在这"两定"的基础上，得出生产车间当月应得的工资和奖金总额。计算公式为：

工资总额 = 单箱工资含量 × 本车间合格品入库数

单箱工资含量 = 定员人数 ×（平均标准工资 + 基本奖）/ 核定的产量基数

在这些定额的基础上，褚时健还增加了产量、质量、物耗、安全文明生产等制约指标。生产车间根据每个职工当月完成各指标的情况，按照比例系数对照后将车间的工资总额分解计算到个人，完成好就拿得多，不好就拿得少。

## 分配围绕产量和质量

褚时健十分重视产品的质量，而他设计的经营机制，多数也是围绕产量和质量展开的。

无论是烟厂的管理，还是种植橙子的管理，都是劳动定额管理制度，体现出褚时健对于改进收入分配思考的两个关键问题：产量和质量。产量方面采取限额制，即科学合理地按设备能力核实台时产量。劳动科在确定生产定额时按照不同岗位的历史最佳水平核定“最高超产封顶量”，规定超过部分不计算超产工资。质量方面，严格质量检查与验收，从输出口进行把控，增加生产的制约指标，约束员工生产更高质量的产品。这样便形成了良性激励，同时保证了玉溪卷烟厂的生产产量和质量。

在褚橙基地的管理中，围绕产量和质量的管理则是，基地的种植户在向公司交果子的时候，不同级别的回购价格有所区别，种植户的收入也是浮动的。

此时，再回看“浮动计件工资制”的实行。1982 年 11 月，“单箱浮动计件工资制”在第二车间的无烟嘴生产线上试点，在新分配制度实行后，试点车间产量一举突破指标，质量达到要求，原料消耗降低，工人们的收入也明显增多，试点非常成功。褚时健赶紧将二车间试点情况向行署领导做汇报，同时给领导算了一笔账：“如果政府对工厂也能实行箱烟工资含量包干的经济责任制考核，把生产经营的自主权还给企业，通过调整经济分配关系实现对企业的领导，那么每年新增税利将是职工分配金额的几十倍、上百倍。”

经过褚时健多方迂回协调，从 1982 年开始，玉溪卷烟厂全厂各车间都开始推行“单箱卷烟工资奖金含量包干制度”。在全新分配机制的鼓舞下，工人们的劳动积极性空前高涨，过去“上班要人喊，出工不出活”的现象一扫而空。褚时健回忆说，从生活区到生产车间有一条八九米宽的马路，提前赶来上班的人都把它挤满了。

在实行新分配制度的5年内，玉溪卷烟厂全员劳动生产率翻了半番多，平均每年提高6.4%。1987年比1978提高74.8%，经济效益不断提高，产量、产值、人均税利翻了一番多。全厂税利积累在1985年、1986年每年增加1亿元，1987年增加更多。职工平均工资也翻了一番，到1987年工人平均收入达到了2500元。事实证明，玉溪卷烟厂在褚时健的以结果为导向的利益分配机制下，重新焕发出蓬勃的生命力。玉溪卷烟厂的内部分配制度改革不仅得到了省领导和省劳动人事厅的认可，还在全省五个卷烟厂都推行了这种方法。

但是，这一制度的实施局限性也日渐显露出来：企业没有财权，拿不出充足资金进行改革实验。玉溪卷烟厂只能选择对生产车间进行浮动工资，对机修车间及运输科实行利润提留奖，对其他辅助车间及机关科室实行奖金包干的方法，用手中仅有的掌握发放奖金的有限权力，压缩其他非改革车间和部门奖金，在保证不突破奖金总额的前提下，使试点车间浮动计件工资兑现。而且随着全新设备的引进及"第一车间"的实现，"浮动计件工资制"因产量饱和，激励效力逐渐减弱。

1988年，褚时健认为有必要在薪资计算上再进一步，重新设计制度。1989年，他选择实行工资总额与实现税利挂钩。所谓工资总额与实现税利挂钩，就是工资总额由税利总额状况来确定。当时玉溪卷烟厂按照税利总额的0.7%提取职工工资。这样的方式在原有的制约指标之外，增加了质量否决和安全生产指标，使全体员工更加关心企业效益，重视质量和安全生产，同时更好地将企业的经济责任、经营成果和企业的经济效益与按劳分配原则进行有机结合，实现了国家、企业、个人利益更紧密的结合。

从实践来看，褚时健对玉溪卷烟厂收入分配制度的改进，一举打破了“大锅饭”的弊端，大大提高了工人们的生产效益。1987年，玉溪卷烟厂在全员产值劳动生产率、卷烟工人实物劳动率等八项指标上创下全国同行业第一。劳动生产率的提高辅以技术设备的改进对玉溪卷烟厂的高速发展产生巨大作用。1988年和1989年，玉溪卷烟厂分别实现税利11.9亿元和20.3亿元，1990年实现税利34.14亿元，比上一年净增14亿元，税利占全国烟草行业实现税利的1/9。以如此高速的发展，玉溪卷烟厂成为全国烟草行业的佼佼者，也在世界卷烟工厂有了一席之地，人称“云烟之王”。

## 问题就是出路

褚时健的经营秘诀中有一条就是，他总是一个一个解决问题，对他来说，问题就是出路。

改革开放初期，我国处于短缺经济时代，那时候物资短缺、技术短缺、人才短缺……每一项都是大难题。其中，外汇短缺的矛盾非常突出，给企业带来了巨大的困扰。所谓外汇短缺，是指外汇支出大于外汇供应的状态。当时企业的先进设备主要依靠国外引进，需要用外汇兑付，但在较长时间里，由于创汇能力不足及担心外汇使用失控，国家实行外汇统收统支的政策，严格控制外汇额度，这为企业引进设备带来了难以跨越的障碍。

为了增加外汇储备，国家鼓励企业出口产品，实现创汇。以玉溪卷烟厂为例，从1985年开始，“红塔山”和“阿诗玛”等高品质香烟开始销往国外，具备了较强的创汇能力。从1985年到1989年，玉溪卷烟厂出口创汇累计1.91亿美元。尽管创造了上亿美元的外汇收入，玉溪卷烟厂却没有自主使用外汇的权力，每一笔收入都必须上缴，需要使用时要去找计委部门申请额度。

那时候，引进国外设备本就不易，要引进什么，由谁引进，何时引进，全部要由各级部门管理、指导和把关，政府批准立项后才可实施。

现实问题逼迫褚时健主动思考，他想，如果企业能够自主使用一些外汇收入，一定能够加快引进速度。有了这样的想法后，他又获知某些地方已经采用了一种外汇留成制度。按此制度，创汇单位通过贸易或非贸易形式所得的外汇收入，在向国家指定的银行结汇后，再按照国家有关规定从创汇收入中获得一定比例的外汇额度，即留成外汇。经有关部门批准后，创汇单位可以自主支配留成外汇。① 无疑，这样的方式适用于我国从旧体制向新体制的过渡时期。

在深入研究之后，褚时健对这种创汇分成模式充满了信心。首先，这一制度并不违背国家对外汇实行“集中管理，统一经营”的方针；其次，在分配上以“国家拿大头、集体得小头”为准则，满足国家的外汇需求；再次，若能获得部分外汇收入的支配权，企业出口创汇的积极性将大幅提高，这将有利于国家创汇，同时企业的国际竞争力将得到提升。虽然外汇留成的

① 周杰伟.外汇额度留成管理办法的改进意见[J].西南金融，1987(6)：10–11.

模式也存有一些弊端，但褚时健相信，问题可以在实践中解决。

基于这样的考虑，褚时健在一次会议上提出了外汇使用的新思路。他提出，创汇收入多的企业，应获得更多的外汇使用权。实际上，这是一种市场化的分配思路，多创多得与多劳多得有异曲同工之处。时任云南省副省长朱奎是主管烟厂的领导，他听取了褚时健的建议后提出“创汇分成”改革办法：企业出口创汇实行 3:1 的分成比例，即 75% 交给国家，25% 留给企业，只要没有特殊限制，企业就可以自由使用。如此，通过制度创新，进一步激发了企业的潜力，也创造了更好的创新环境。

在改革开放初期，有许多制度创新都是由一线企业家突破的，不管是褚时健，还是鲁冠球、柳传志，他们都是一路闯关而来。他们用尽心血、胆识和智慧，冲破体制束缚，开拓创业，勇于担当，奋力拼搏，创新求实，开创了中国经济的新世界。熊彼特认为：“企业家指的就是那些有眼光、有能力、敢于冒风险实现创新的人。”有人会问，为什么褚时健总在思考？为什么他总能想到创新解决办法？问题的答案就在于他不断追求事业发展的使命精神。他用充分的革新精神和进取力直面困难，带领玉溪卷烟厂活下来并且活好。

## 为员工谋福利

员工与企业之间有一种特殊的联系，这种特殊的联系被称为“心理契约”，即员工将有所奉献和企业欲望有所获取，企业对员工期望满足之间的配合。这种无形的契约主要涉及两个期望值，一个是企业的期望值，另一个是员工的期望值。

褚时健在解决心理契约方面经验丰富，比如在褚橙基地里，他给种植户修房子，解决居住问题；给作业长更大的激励，甚至还奖励他们一套城市里的房子。更重要的是，他很尊重种植户、工人，这些人都愿意跟着他干。

为达到生产出社会需要的合格品，提升经济效益的目标值，企业需要将任务纵向分解到各层级甚至员工个人，企业便对个人的劳动有了期望。同时，人并不是机器，有着自己的思想感情和需求欲望，有着自我的物质与精神文化追求，因此个人对企业也抱有期望值，譬如在工资、理解、福利、安全及工作稳定等方面。

工资是最基本的期望要求，在一定时期内自己的工资，能否达到期望的目标，很大程度上影响着个人的劳动积极性。如果工资达到期望值，则劳动积极性一般就高，反之则低。在工资基础上，其他方面的期值望满足也会影响到劳动积极性的发挥。因此，企业对人的管理，一个重要的任务就是正视及满足个人的各方面期望值，从而达到激发劳动热情、搞好生产经营的目标。

正是从这一点出发，除了完善职工的收入分配制度，落实职工的物质利益，褚时健还从一些福利保障制度入手，使职工提高自己的物质文化水平的期望得以实现，从而提高员工的生产积极性。

褚时健走出的第一个大跨步，就是改变玉溪卷烟厂员工的住宿条件。当时，玉溪卷烟厂员工只有土坯房，又因土坯房数量有限，所以一间隔成两间，两个人共住一间 28 平方米的房子；有家属后，就变成两家人住 28 平方米的房子；倘若是上有老下有小的员工，那就是一家三代人挤在一个 14 平方米的空间内，狭小拥挤。就连职工们都常开玩笑说："这边的孩子撒尿，都冲到那边的床上了。"褚时健也曾回忆过刚到卷烟厂时看见的情景："破旧而杂乱的房屋，坑洼不平的路面，工人们呆滞的目光和灰暗的身影。厂区大部分房屋是用土坯建的，因为年久失修，放眼望去一片萧条。"

在挨家挨户走访员工家庭之后，褚时健认为当务之急就是改善员工的住宿，解决员工后顾之忧，才能有效地激发员工们的生产积极性。1980年，褚时健在全厂职工代表大会上向全体工人承诺，在半年内为厂里的一线工人修建三栋公寓，由副厂长亲自负责建房之事。而仅仅4个月，3栋崭新的员工大楼就建立起来，96户一线工人住进新房，褚时健一举解决了烟厂员工由来已久的住宿问题。

1982年，收入分配制度改革翻开全新的一页，卷烟厂的利润年年攀升，经济效益在飞速增长的同时，褚时健建设新宿舍的步伐也没有停止，员工越来越多，房子便越盖越多。在玉溪卷烟厂，不断地为员工盖更好更大的宿舍，逐渐成为一条不成文的规矩。褚时健不仅为员工解决住房，还考虑到工人子女的教育和学区房问题，建立了可容纳300多个孩子的幼儿园和厂办学校，明亮宽敞，设施齐全，职工的孩子可以从小学一直读到高中。

进一步，褚时健开始重视员工的精神需求，注重精神文明的建设，提升员工们的生活品质，每年都拨款百万资金用在职工培训、绿化及职工生活文化设施建设上。他常常对厂里的人说，“我们不仅要生产一流的卷烟，也要有一流的精神文明”。所以，他建俱乐部、开电影院、修游泳池等，还创办《玉溪烟草报》、玉烟广播电台等，都是为了建立一种企业精神，用这种精神来激励员工。在他的精心培育下，玉溪卷烟厂上下同心，渐渐形成了

“天下有玉烟，天外还有天”的企业精神，正是这种企业上下同心同气的精神，使玉烟打败英美等众多名牌烟，成为“云南烟王”。

玉溪卷烟厂的精神文明建设也获得了不少赞誉。

可以说，褚时健一系列的举动极大地满足了员工们的期望要求，达到了物质与精神的双丰收。烟厂职工的生活条件得到改善，员工的归属感及主人翁意识不断增强，凝聚力和向心力不断提升。正如鸡蛋从外打破和从内打破的区别一样，内发性的动力，才是生产力不断输出的源头。员工意识的创新，能最大限度地调动他们的上进心，让员工感受到他们并不只是在单纯地为企业打工，更多的是在为自己打工，生产积极性自然提高了。

法国企业界有一句管理名言：“爱你的员工吧，他会百倍地爱你的企业。”褚时健正是做到了爱员工，将员工和企业捆绑在一起，使企业有群策力，走上坡路，进入良性循环。他用实实在在的方式，告诉员工一个最浅显的道理：你们好，烟厂就好；烟厂好，你们更好。

第九章

# 不断改进流程

事情干得好不好，有三个标准：第一个，把事情做好，事情做好的关键是利润要增长；第二个，做事情，钱花多了也不行，那些年我们帮国家搞企业，帮国家搞就要给国家算账；第三个，干事情要对大家都有利。

——褚时健

褚时健的经营方法，总结起来看，就是不断改进流程，从产品出发，用技术驱动，尽力降低成本，提高效益。

在改进流程方面，我们从烟厂和褚橙的管理中可以找到很多典型的案例。

比如褚时健管理玉溪卷烟厂，这家企业的变化巨大而深刻。这一切都凝聚着褚时健的企业家思维和智慧，他具有“想别人所不敢想，做别人所不能做”驱动力。

企业的发展目标之一就是生产出社会所需要的合格品，产品就是企业生产的结晶，不仅有量的要求，也要有质的保障。就玉溪卷烟厂而言，自引进先进技术设备后，其卷烟产量持续上升，在市场上占据了相当的份额。但褚时健也意识到，只有生产更高质量的卷烟，才能继续保持行业领先地位。

为解决烟叶质量，褚时健把玉溪卷烟厂从厂里搬到田里，协调粮烟矛盾，调动烟农积极性，给烟农买保险，等等，在生产第一线把控好烟叶质量。他打破了中国卷烟企业传统生产模式，更打破了中国长期以来农产品种植的落后环节。

此时，除了对原料端的烟叶质量进行优化，对生产流程进行优化，进一步强调产品的质量提升也尤为重要。经过探索，褚时健在玉溪卷烟厂实行了一套质量管理体系，以产品质量为核心，进行全面的生产经营活动。

这些流程的改进，互相促进，逐渐把企业的效益带到了新高度。

## 从关键流程开始

20 世纪 70 年代，得益于日本丰田的成功，其全面质量管理方式被当作一门科学来对待，在国际企业管理中得到广泛普及。同一时期，中国改革开放伊始，中国国门大开，如饥似渴的中国人贪婪地吸收各国的精神养料，全面质量管理理念因此漂洋过海到达内地，成为当时企业争相学习的对象。

全面质量管理，实质是一个组织以产品质量为核心，以全员参与为基础，通过让用户满意和本组织所有者及社会等相关方受益，而建立起一套科学、严密、高效的质量体系，从而提供满足用户需求产品的全部活动。从日本到云南，管理的理念息息相通。褚时健当时在玉溪卷烟厂实行的一套质量管理体系，也正是以产品质量为核心，进行全面的生产经营活动。

1979 年，褚时健初到玉溪卷烟厂时，第一件事便是狠抓质量管理。影响香烟质量的因素众多，按照制作工艺，大道至简，可以归纳为原料、生产和封装三个环节。

在原料环节，除了采购最优质的烟叶之外，发酵方式是直接影响香烟品质的因素之一。烟叶的发酵方式主要有两种，一种是人工发酵，指在特制的发酵室内经过加温、加湿等办法，短时间完成发酵过程。其优势是时间短（两周左右），成本低，但劣势是有杂味，发酵后的烟草品质不够好。另一种是自然发酵，将复烤烟叶密封在塑料袋中，打包并用木板夹住，然后进入仓库贮存，存放 2—3 年，等待其杂质异味自然挥发。这种方式虽可以保证烟叶醇厚的味道、较高的品质，但长达两三年的发酵时间，对于企业而言负担极大。故而 20 世纪 80 年代之前，玉溪卷烟厂和国内大部分烟厂都采用人工发酵的方式，国外多采用自然发酵的方式。

在了解到自然发酵的优越性后，褚时健当即做出贮存原料、实行自然发酵的决定。从当时的国内烟草消费市场来看，烟民的消费能力和品位还未上升到追求自然发酵香烟的阶段。但是褚时健认为，企业要提高效益，产品要实现价值，必须以高品质的产品去占领市场，自然发酵能够提高烟叶品质，提升卷烟质量，玉溪卷烟厂必须去做。

但这并不是那么容易的事情。为了达到自然发酵的需求，玉溪卷烟厂需要更多的仓储空间来存放烟草，还需要花费更多的人力物力进行维护，收益则需要在2—3年后才能看到。

1982年，为了储藏30万担烟草，褚时健力排众议，凭借对质量全身心地投入而建立起的勇气和信心，坚持实行大量储存原料进行发酵的决策，玉溪卷烟厂不得不向银行大量举债，利息高达800万元。但褚时健坚信卷烟厂的投入与产出是正向的，紧抓原料端，产量与质量将进入良性循环状态。致力于原料环节，一定会形成绝对的优势。

在解决原料问题的同时，褚时健也紧抓制烟环节的关键技术改造，实现更高品质的烤烟质量。当时的烟叶复烤，多使用老式的挂杆复烤，主要靠手工操作，又因季节性生产的特点，雇用的临时工虽经过烤烟培训，但仍难达到理想的要求。此时，在云南省烟草公司的支持下，褚时健率先引进现代复烤技术——打叶复烤，并自制打叶复烤线，安装在玉溪卷烟厂复烤车间。用打叶复烤后的烟片投入卷烟制丝，因为烟、梗彻底分离，叶片规格均匀，制丝纯度大幅提高，烟丝长短的比例实现稳定，这一举措大幅度提高了玉溪卷烟厂的卷烟质量。

在工艺包装层面，褚时健也进行了技术创新。他大胆弃用传统的麻布、草席这样的原材料，改用木夹板包装、铁框架保护、高层堆放等工艺，改变了烟叶在运输和储存中的压油现象，大大提高了经济效益。

在做褚橙的时候，味觉是水果最直观的体验，褚时健把糖酸比作为重点，一直在抓恒定的口感，通过不断试验，最终他解决了口感的问题。然后是包装的改革。这些努力都是为了让用户更加喜欢这一产品。

## 建立标准体系

没有规矩不成方圆。无论是在酿酒期间，准确的发酵和添加燃料，或者在管理糖厂改造燃料的燃烧率上，都充满了经营管理的细节：充分量化，让团队上下有一个标准。

有参考才知道距离，有标准才知道是否合格。褚橙在每一个环节都有严格的标准，比如投入品的投入时间、投入分量，枝条修剪的长度，等等。

继续回到烟厂的项目上来，从美国考察回来后，褚时健对美国的烟草种植及高产高质感触颇深。而当时云南传统种植标准与美国标准相比还有很大差距，于是他借鉴美国烟叶的标准，在玉溪卷烟厂形成了一套新的标准体系。

首先，“第一车间”的原料端实现标准化。优质烟叶是生产优质名牌卷烟的基础，在褚时健紧抓烟叶质量的要求下，玉溪卷烟厂坚持“四个不动摇”：把烟叶生产作为“第一车间”来抓的决心不动摇，质量第一的决心不动摇，坚持良种化、区域化、规范化的生产措施不动摇，贯彻执行新国标不动摇。所有参加优质烟草栽培的烟农都要接受技术员的指导，从量地、整地、栽种的行间距、棵间距，到施肥总量、肥料结构都必须按规矩来，这种标准化生产的方式使烟叶原料品质大幅提升，数年连续实现中上等烟叶比例达80.08%，为生产更优质的卷烟创造了条件。

其次，工厂卷烟的生产端实现标准化。有了优质原料，没有生产工艺标准又怎能生产出高质量的产品？全面质量管理的核心之一，便是让质量生产流程、制度能够形成标准化的形式，以此来降低企业运行成本，并保证质量生产有章可循。产品的好坏既需要技术、文化的支撑，企业想要保持长久发展，还需要在前者的基础上建立相应标准去衡量生产。

当时，国家尚未颁布卷烟工艺技术的规范，全国各地的卷烟厂一般按照传统工艺办法加工生产。褚时健根据多年从事企业管理的经验，经过长期学习积累，在行业内第一个制定出了企业的工艺技术标准。1985 年 9 月，中国烟草总公司正式颁布了《卷烟工艺规范》，这是烟草行业的一个重要技术法规。1988 年，玉溪卷烟厂就以这套规范为总纲，又制定了玉溪卷烟厂的《卷压工艺质量标准》《卷烟工艺规程》《卷烟生产工艺纪律》三大工艺技术性法规。这三大工艺技术法规的标准比上级要求得还要高，如在制品的工艺质量标准、打叶质量、烘丝水分、卷接质量、烟支爆口的工艺标准之外，特别增加了小包透明纸内不得有烟末的要求。

可以说，行业标准是企业在市场竞争中生存和发展的基础保证，而在满足相关法规标准和顾客需求前提下设立行业标准，也是让企业最大化控制生产成本、消费者在购买产品时有据可循、市场更科学规范的重要手段。标准化的产品脱颖而出，玉溪卷烟厂的香烟合格率连续创下新高。

## 落到实处

标准体系就是建立规矩，一流的标准需要一流的执行，落实经营中的计划，这才是真正确保产品质量、确保效益的关键。

我们有一次在褚橙基地考察时，恰好碰到种植户在做病虫害的防控工作，作业长、小组长和种植户在一起开会，判断风向，然后决定从哪一个位置开始喷雾，而且这个作业必须在规定的时间内一次性完成。

任务分配下来，真正落实，才能解决问题。

在解决质量标准化的同时，褚时健更焦虑的还是质量监管环节。工业机械化生产可以划分为具体的步骤、流程，实现标准化相对容易，但是制烟环节流程复杂，不便于把控，对质量监管提出了更高的要求。

当时，卷烟厂的普遍做法是把质量监控的重点放在车间一级。通过二级监管的方式，对成品进行检测，把控班组和车间的制烟流程。但是褚时健对这种做法不以为然，他认为消费者接触的终端商品是卷烟，消费者和厂商之间才具有强关联性，在消费者只认烟厂的情况下，怎么能把质量监察停留在生产车间一级？他认为必须把质量监管的重点放在厂一级，严格把控卷烟生产的每一道工序，及时反馈，以促进高质量成品的生产。为此，玉溪卷烟厂主要实行了两大举措进行质量监管。

第一个举措是调整玉溪卷烟厂的质检机构，撤销原来的厂部质检科，成立工艺科技部。而工艺科技部下设工艺技术科、质量检查科、发酵车间和三级工艺质量监督观测站。把原来质检科的在线检验职能归属于每个生产部，而成品的检验全部交给厂三级质量监督监测站，没有三级质量监督监测站的同意，成品绝对不能出厂。此举加强了各生产部门对质量和工艺的管理。

除了不断完善三级站的监测手段，褚时健还配置了价值120多万元的检测设备，设备不仅能够进行常规的化验，还能进行化学分析和物理检测，进一步推动了卷烟产品质量检测的标准化和制度化。

第二个举措是建立一套宝塔型垂直监督体系。宝塔的底部是由机台和车间工艺质量员的自检组成；第二层是三级站每班的抽检；而顶部则是厂产品质量评议委员会每半月的评议。这样层层递进，关关严守，玉溪卷烟厂构建出一个涵盖厂、车间、班组的质量监察网。

除此之外，在生产过程质量检查中，玉溪卷烟厂设立专职人员检查与群众性自检相结合的“三检”制度，从原材料入场、到制品生产和产品出厂，每一道工序都严格把关。关键工序设置6个工序管理点重点控制，工艺科和主要生产车间还设置了22个跟班工艺员，随时掌握工艺规程的执行情况，坚持不合格的原材料不投产，不合格的制品不流入下一道工序，不合格的产品不出厂。

不难看出，玉溪卷烟厂的质量监管是预防为主、不断改进的思想。质量管理的最大特征，可以说是以推断统计学的理论为基础，根据不良产品的发生频率，设定了一个高度合理的可接受质量标准的样品数。[①]而过去，大部分的卷烟质量监控只停留在成品检验层面，只是为了找出不良品的检验，对减少不良品的数量作用很小。而优良的产品质量是设计和生产制造出来的，不是靠质量检验决定的。褚时健正是意识到这一点，严抓卷烟厂的每一道生产工序，把玉溪卷烟厂质量管理工作的重点，从“事后把关”转移到“事前预防”上来，不良品被扼杀在它的形成过程之中，做到“防患于未然”。同时，玉溪卷烟厂的质量监控是一种及时反馈的机制，反馈的速度越快，可以越及时地减少不良率。为防止不良品出厂或流入下道工序，及时将此不良信息传达给加工工序，加工工序及时改善其加工方法，从而得到更高的

---

① 新乡重夫．以工业工程的视角考察丰田生产方式[M]．李兆华等，译．上海：同济大学出版社，2016.

产品质量。

结合烟厂的监督落实再来看褚橙，褚橙的经营分种植和销售，仅仅是种植环节，针对不同层级，褚橙团队建立了严格的监督机制，然后形成了不同工作的标准化流程和体系。在销售环节也是如此，从选果、包装到发货既有严格的执行标准，也有系统的监督落实机制。

冰糖橙有一种常见的“黄龙病”，是果树之间的一种传染病，小虫子从有病的植株上爬过，带上病毒，再爬到其他植株上，就把其他植株也传染了，如果不及时发现并处理，整个果园可能都被毁掉。

褚时健要求所有农户一起作业，用公司提供的农药和器械，大家一起喷，统防统治。这在农户分散种植时是不可能发生的事情，如果分散种植，农户不光自己要支出农药和器械的资金，还因为其他病源没有根除而起不到很好的效果。只有集体性、系统化的管理方法才能实现这样的治理方式。

## 团队的质量教育

改进流程，最终还是要落实到重视人和团队上来，通过团队的提升来推进流程的质量提升。

褚橙基地从建立开始，就一直进行团队建设。可以说，褚时健干的两件事就是树木和树人。褚橙背后的技术含量很高，所以很多跟风者跟不上的时候就想各种办法去褚橙的基地挖人。

之前我们一直在强调，褚时健是一位产品极客，极为重视产品的质量，他的经营体系中，产品质量摆在第一位，而且在想一切办法调配资源来提高产品质量。褚时健推崇的是全面的质量管理方法，他的抓手则从人的工作开始做起，他特别重视发挥人的作用。无论是管理烟厂还是管理褚橙，团队在培养人才上都有系统的体系。

褚时健是自学成才，但他十分重视对员工的质量教育。他的质量思想已融入团队的每个成员身上。

因为人作为生产环节中最重要的因素，其素质高低，掌握技能的数量程度，积极性和主观能动性，直接影响着生产质量的好坏。光有先进的技术设备，没有优秀的技术人员，要生产高品质的香烟也是纸上谈兵。

玉溪卷烟厂经常向职工宣传激烈的市场竞争环境，并强调只有靠高质量的产品才能立于不败之地的理念，并大讲提高产品质量的迫切性和重要性。褚时健还把消费者来信的反映和要求，对员工进行宣讲，指出烟厂在工作中的不足。同时，按规划坚持不懈地进行全面质量管理基本知识教育。

据统计，在1987—1989的3年时间里，全厂累计有3643人接受了TQC（Total Quality Control，全面质量控制）教育，并且学习时间在48小时以上，学习率达到90.33%。全厂领到国家质协和省协结业证书的有1632人，领证率达到40.24%。1989年有23个QC（Quality Control，质量控制）小组活动取得成果，创造经济效益174万元，2个小组被评为省优秀QC小组。1989—1990年玉溪卷烟厂又组织了596人参加66个QC小组活动；组织职工开展创优质、增效益的劳动竞赛，将质量教育做到经常化、多样化、制度化。通过质量意识教育，使职工牢固树立“质量第一”的意识，掌握了质量管理的一般理论和方法，推动质量管理工作逐步完善，保证了卷烟产品的质量。

除了人才培训之外，褚时健还推动建立健全的质量管理机构，建立起工作责任制。玉溪卷烟厂设有质量管理委员会，由厂长亲自兼任班组主任，另一位副厂长和总经济师具体负责质量管理工作。委员会下设全面质量管理办公室，负责日常工作。优则奖，劣则罚，一次，“红塔山”牌香烟的一批包装商标出了差错，按照厂内有关条例，当即扣除厂长120元，党委书记80元，主管质量的科室和车间干部共14人也不同程度受到了处罚。

除了通过培训检查和奖惩措施来树立员工的质量意识外，玉溪卷烟厂也在经济责任制中，把质量指标与经济利益挂钩。首先，褚时健把质量指标放在了绩效评定的第一位，它可以否决其他指标；然后把职工工资、奖金及其他补贴与质量指标捆绑在一起，让员工的收入和质量指标成正比。时任玉溪卷烟厂副厂长的乔发科曾经讲过，根据玉溪卷烟厂的实际情况，车间科室达到企业所定指标分数，可拿到80%的工资奖金，高于标准的逐步提高，直至拿到全部工资奖金。达到规定的优质标准，厂部可以另行嘉奖。反之，质量未达标的个人、车间，其工资奖金也会逐渐递减。这样，通过质量政策将个人与企业的经济效益挂钩，一方面调动了员工生产积极性，另一方面让质量意识深入人心。

任何产品或服务的质量，都有一个产生、形成和实现的过程。从全过程的角度来看，质量产生、形成和实现的整个过程是由多个相互联系、相互影响的环节组成的，每一个环节都或轻或重地影响着最终的质量状况。我们可以看到，褚时健的全面质量管理把“事后补救”变成了“事前预防”。通过生产环节多层次、多角度的质量培训、质量检测、质量反馈等方式，确保流入市场的产品没有瑕疵，以更高质量的产品占据了更大的市场。

质量就是效益，经过褚时健和玉溪卷烟厂的不断坚持，玉烟在市面上的身价日益提高。在“七五”期间，玉溪卷烟厂生产的“红塔山”被评为“国优”产品。1989 年，在云南省省二级站抽检中，玉溪卷烟厂的产品连续 4 年月月保持 100% 合格率，且全年产品畅销，一年比一年的经济收益好。

# 第三部分

# 经营哲学

褚时健为什么能取得连续成功？如果说拥有领先的经营者思维和更为有效的经营方法是思想和技术层面的原因，那么真正支撑他不断向前的则是独特的经营哲学。

褚时健说：“事情的规律，只要认真，就做得好！”

何谓认真？究竟什么是褚时健的经营哲学？还是要回到人的内心、正念和意志力上来。这些因素说起来是形而上的，可是如果不能从心的角度来理解褚时健，仅仅从技术角度解读，那么只是看到了一个表面的褚时健，而他的独特之处在于内心和经营哲学。

褚时健有管理民企的经验，也有带领国企的经验，而且都非常成功，他既是企业家，也是创业家。他曾跌入低谷，而后又超级反弹，所以王石用巴顿将军的名言来形容他：

"衡量一个人成功的标准，不是看这个人站在顶峰的时候，而是看这个人从顶峰跌到低谷时候的反弹力。"

褚时健自己说过："社会都是以成败论英雄吧，是不是果王，不是我说了算。我是做事的，评价是别人的事，我给自己打个 80 分吧。"

在很多人看来，褚时健已经取得了极致的成功，可是他谦逊低调，不断朝新的高度前进，这是超级企业家的心力，有着异于常人的豁达。

从褚时健的经营实践中，可以看到他善于运用经营思维找到创新办法，通过平衡成本和投入不断优化经营过程。如果再往深处追溯，就可以看到，在经营思维和经营方法的背后，是经营哲学在底层做支撑。一个人在做决策时，都会从动机出发。无疑，一个正直、正义的动机能够影响决策的正确性。从褚时健身上，我们看到了卓越企业家共同拥有的正直动机，而这样的动机让他的经营决策能够兼顾长远、互利共赢、契合当下。在经营中，他不仅是一位成本控制大师、一位技术专业人才、一位优秀的管理者和战略家，更是深谙人性、博古通今的哲学家。

第十章

# 矢志经营

要相信，人在某种时候会爆发出一种惊人的力量。

——褚时健

从开荒带着全村人吃上饭，到解决烟厂职工的福利、带着哀牢山的农民致富，这当中褚时健有着极强的使命感和责任感。每当他决定做一件事情的时候，总是矢志把经营做好。

任何追求卓越的企业，背后一定有一位兼具家国情怀的企业家，用创新、奉献、牺牲精神，引领企业甚至整个行业尽职履责，助推全社会的发展和进步。有责任心的企业家和世俗商人的区别在于，前者义利并重，兼济天下，后者在商言商，无利不往。

每一个人的人生轨迹几乎都会因经历的事情而发生改变。有句话说："上帝要想他成为什么样的人，就会让他经历什么样的事。"

在褚时健青年时期，生活的重担迫使他承担起一家的生计。在这样的责任面前，他没有退缩，而是不断思考和行动，寻找提高效率和解决问题的办法，解决自己的生存问题，同时带着更多人解决生活问题。

从自我满足层面来说，解决吃穿住行这样的基本需求相对容易。如果要实现更高级的发展，就要有更高的追求。这其中，企业家需要把企业责任和社会责任融为一体，用责任感驱动企业的发展。实现盈利是企业的基本经营责任，决定了企业是否能活下来。

企业的社会责任感，决定了它能够走多远多广。当全体人肩负着同样的责任时，会为企业发展带来源源不断的动力。

## 做第一名

褚时健说过："人生没有顶峰。我管玉溪卷烟厂时，有个主任问我：'你是不是给国家利税交到50亿就可以不干了？'结果烟厂交到60亿元利税时，我对他说：'劲头比原来还大。'"

褚时健决定种橙子的时候，给冰糖橙的商标取名为"云冠"，云冠就是云南之冠的意思，而"褚橙"这个名字其实是市场叫出来的。从这个名字我们也可以看出来，尽管褚时健说自己去种橙子是为了解决生活问题，可是他一旦开始做，就是希望做到最好。

褚时健进入的柑橘这个行业，既是超级红海的行业，也是一个传统行业。

2001年，柑橘在世界水果中的种植面积、产量均处于首位，全球有135个国家（地区）生产柑橘。中国柑橘的种植有一个很明显的特点，就是大部分种植区域规模小，种植分散，由各家各户分开种植，同种柑橘，在同一地区的不同果农家生长的情况也不同。农户们基本都是用几分或几亩地来种植柑橘，原先国有的集体柑橘种植基地规模也只有上百亩。之前国家大力实施包产到户，果树果园少有集中的，农户没有成体系的经营方法，虽然合起来产量较多，但品质参差不齐。[①]

国外柑橘几乎是100%进行商品化处理，将果实进行洗涤、打蜡、分级、包装。这样处理之后的水果卖相极好，让顾客更想要购买。而当时云南的冰糖橙，由于未做商品化处理，卖相普通。加上品质普遍较低，这些冰糖橙上不了货架，只能摆在地摊上买卖。

在消费者眼中，这种橙子并没有很高的价值。冰糖橙10元3公斤，对比当时超市里美国进口30元／公斤的“新奇士”橙子，这个价格实在是很低。褚时健当时

① 沈兆敏.我国柑橘产销现状及居民消费水平[J].中国食物与营养，2003(9).

做了市场调查，“新奇士”橙子卖相好，但味道偏酸，和大多数中国人喜欢的甜略有距离。尽管这样，这种橙子依然卖得很好，说明这种橙子拥有很多国内橙子所没有的优点，并且市场有这样的需求。

褚时健看到了当时云南冰糖橙的状况后决定实施自己在狱中当图书管理员时的想法——种橙子。在因糖尿病保外就医期间，褚时健告诉朋友：“我要到新平种果子——冰糖橙。”对于一个年逾古稀，经历了大起大落的老人，大家觉得他厌倦了繁华，想要归隐山林，过上“采菊东篱下，悠然见南山”的隐居生活。没有人想到他的热情之火并没有因为岁月和这些年的坎坷而熄灭，更没有人预料到他会有种植几千亩果园并且打出品牌的计划。

在开荒种树期间，为了找到合适的灌溉水源，他跑遍了戛洒、水塘交界地段的沟沟坎坎。然而，毕竟已经70多岁的年纪，褚时健也常常累得连走路的力气都没有。但他没有停下脚步，他心中一直藏着那个他理想中的果园，要实现这个理想，就必须从基础做好。普通农民没有足够的抗风险能力，只能看天吃饭。对于企业来说，应该尽量在根源上去解决这些问题。如果仅仅是规模扩大，而不在管理方法上创新，那和普通的种植户相比又有什么优势呢？

为了种出最好的橙子，褚时健从“烟草大王”转变成了果园的“总工艺师”。在他当玉溪卷烟厂厂长的时候，为了生产出最好的香烟，他亲自去各个烟田里进行生产指导；在厂里，他是厂长，也是非常厉害的技术人员；在开始管理果园时，他不断向周围的人学习取经，在能看见星星的工棚里住，在实践中观察摸索，阅读各种相关书籍。他就像一块海绵，不断地汲取知识。短短几年时间，他就成了一个比种了几十年橙子的农民还要专业的技术专家。功夫不负有心人，经过几年的科学管理，“褚橙”成功上市并大受欢迎，用品质打出了自己的品牌。

在这背后，是褚时健不服输的性格使然，也是他要做就做第一的使命感在驱动着他。

## 直面问题

很多人研究褚时健的企业家精神，其实，褚时健的经营哲学里还有直面问题的经营哲学。

面对问题他从不退缩，一个一个解决问题。他二次创业选的是水果，一个 75 岁的老人，却要去做十年树木的事情，而且是从传统的品种开始。尽管中国是一个农业大国，但并非农业强国，从果业来看，面对国外农产品，国内产品品质不稳定、营销方式落后的缺点显现无余，可以说这是一个问题很多的行业。

在褚时健保外就医那年，玉溪柑橘的产业化经营程度还很低，生产、供给和销售几个环节脱节严重，产业化基本处于刚刚起步的阶段。农户基本是以家庭为单位，生产种植规模小、资金少，没有足够的设备进行产业化经营。在果实成熟之后也只能等水果商贩上门收购，或者自己推销，在集市摆摊售卖。由于当时云南的冰糖橙产量大，加上品质的参差不齐，农户的利润很少，仅仅维持温饱水平。与国外的柑橘相比，无论是产前、产中还是产后的产业化程度差距巨大。

褚时健曾经说过：希望对家乡、对民族、对国家做点好事，他们这一代人，有一种逃不掉的巨大责任感。干好自己的事情，这就是他的追求。[①] 褚时健着力改变这样的状态：为什么我们不能种出符合中国人口味的高品质橙子去和国外的竞争？

褚时健并非有什么特别的秘诀，他的解决方案就是面向问题，一个一个解决。

---

① 先燕云，张赋宇．褚时健：影响企业家的企业家 [M]．长沙：湖南文艺出版社，2014．

比如农产品受到标准化的困扰，他的办法就是让果园规模化、规范化，这是褚时健最开始就一直在努力的方向。用科学有效的方法管理橙子，就像他之前在卷烟厂对制度进行规范来实现人员管理一样。

他对人性有超乎常人的理解，愿意分享利益，让和他合作的人获得利益。在果园扩展规模时，他从水塘镇政府手中用每年 28 万元的租金租来一部分土地。当年镇办企业把这片土地用来种甘蔗，由于管理不到位，甘蔗年产量很低，除去成本，平均每亩地年收入不到 80 元。而金泰果品有限公司出的价格相当于每亩 100 元。

当然，褚时健作为企业家，数次创业，都和农民有很大的渊源，他深知农民对土地的感情，除了支付土地的租金外，褚时健还给当地的农民提供住所和就业机会，雇用农户来管理果树，根据产量和品质计算收益。这样的方法给了农民足够的生活保障，让农民们更加有动力来管理果园。如今农民的收入有了大幅提高，相比之前的家徒四壁，当地大部分农民都购置了各种家具，有的甚至买了卡车。

## 经营信用

褚橙不好卖的时候，很多朋友支持褚时健，帮助他销售橙子，后来褚橙走向全国，更多的用户开始购买褚橙，这背后有一个经营秘密，即经营信用。

当时在云南，很少有人在农产品上下功夫，想要创立自己的品牌。而褚时健在小时候卖酒时，就已经认识到了品牌的重要性。品牌来自品质，他做糖，通过提高质量，提高优质糖的比例，使糖厂的糖大受欢迎；他做香烟，也是从品质开始的。这些优质的产品走向市场，其实是产品和品牌的信用走向市场。

很多人说要建立品牌，知道品牌的重要性，往往多数时候从传播开始做起。并非说传播不重要，但一个企业真正要经营的信用是从产品品质本身开始的。

褚时健的经营之路，都是从狠抓产品质量开始的。褚时健为了提高玉溪冰糖橙的品质，这些年狠抓质量，一个一个地解决生产问题：改良了土壤结构，发明了独特的肥料，解决了不同果树果实口感不同的问题，终于生产出了极高标准的橙子。橙子酸甜适中、无渣、无籽、皮薄又好剥。

其实在此之前，品质上等的冰糖橙就已经出现，但只在部分地区少量生产。经过褚时健的努力，这样的橙子能够大批量产出，并且用科学的方法延长了果树的坐果年限，其他地方十多年的果树长出的果实品质、产量就出现明显下滑。而在科学方法管理下的“褚橙”，可以30多年连续结果，果实品质及产量都维持在较高水平，更不会像一些果园出现“大小年”①的情况。

“前两年我们一直很低调，主要是为了修炼内功，空下时间潜心钻研、发展橙子种植，现在条件慢慢成熟，我们正在加强打造自己的品牌。现在我们主要通过自身高质量的产品去撬动市场，让老百姓自己去评价，质量好了，口碑就好。”褚时健一直珍惜信用，而他相信产品品质是最好的信用，好的产品会带来口碑，带来用户。

关于褚橙的销售，有一段时间有一个很大的争议，因为褚橙进入北京市场，是通过本来生活网一战成名的，后来就有人问，究竟是本来生活网成就了褚橙，还是褚橙成就了本来生活网呢？

这个问题好像很难有绝对的答案，但是我们认为，褚时健有一句话可以给大家一个视角：“头几年可能大家

① 大小年：指果树一年多产一年少产的现象。

因为是我种的橙子，因为好奇心买来吃吃，但是如果果子不好吃，或者只是普通过得去，我相信买了几次人家就不买了。”

说到底，任何一个产品，考验的是产品的信用、经营的信用。支撑信用的是品质，支撑品质的是管理，支撑管理的是经营哲学。

褚时健在各个领域都有很多的粉丝，很多企业家慕名去拜访他。其实大家喜欢他，是因为他过去的信用让大家相信，褚时健是一个能干成事的人，大家愿意和他交朋友。

在玉溪，褚时健的名气特别大，当地人称他为“褚大爹”，很多农户都说：“跟着褚大爹干，一定不会错！”

“始事为创”，褚老和褚橙为什么如此受尊重？因为他做了很多开创性的事情，也因为他的信用。

把一个传统品种改造成爆款，让普通的冰糖橙发生了质的变化，而且成为橙类第一品牌；种植管理的标准化、橙子按箱出货销售……这些业绩和措施让更多的农业领域的创业者看到了希望。

褚老为这个领域的创业、企业管理提供了极大的样本参考价值。当然这些价值对于其他行业也适用，对于企业界或我们所处的时代和社会来说，他的企业家精神更加值得学习：持续创新，为社会创造价值，矢志把企业搞好，用结果说话。

褚时健从一开始就定下了远大的目标：和国外橙子进行竞争。在国内电商平台迅速发展的时候，他没有抱残守缺，通过本来生活网往北京销售了一部分橙子，“褚橙”变成了“励志橙”，在很短时间内就销售一空。

褚橙使这个行业获得了尊严。一家水果连锁店的老板曾经说：“你们运作的褚橙，让我们这些卖水果的获得了前所未有的尊重。我们以前只是小商小贩的形象，生意做得再大，也被人瞧不起，现在发现自己也可以很高大上。”[①]

## 自利利他

褚时健在褚橙成功之后说：“对得起做过的事，对得起相处过的人，我能做到这两点，这几十年也算没有什么遗憾了。”其实在褚时健的经营哲学中，自利利他的思想十分重要。

① 先燕云，张赋宇．褚时健：影响企业家的企业家[M]．长沙：湖南文艺出版社，2014.

褚时健不止一次说过，自己是农民的儿子，他在一些涉及利益分配的情况下总是会考虑到底层的农民。在关索坝工程开始之前，他特地吩咐，要给农民足够的补贴，让他们有资本去做点其他事情。不管是在糖厂，还是在烟厂，他都为提高当地农民的生活水平做出了诸多努力。

新塘镇的农户在种植甘蔗时，每亩地的年收入不足80元。由于土地长期不轮作，土壤缺水板结，加上管理不当，甘蔗产量很低。在这种情况下，褚时健为了保障农民的权益，给出了相对较高的价格，相当于每亩地每年100元租金，光租用土地就比之前种甘蔗挣钱。

建设果园的初期，原先农场留下来的农户不到20家，其他绝大多数都是戛洒镇和水塘镇的村民，甚至还有9户是从毗邻的普洱市拖家带口来的。大家离开自己的土地来到果园，就是为了挣钱改善生活，很多农民在老家基本没有任何值钱的东西，生活极其贫苦。但公司在建设果园的初期就给每户安置好了50平方米的住所，并且配有一些配套设施，家家户户通上水电、沼气，给农民一个实实在在的家。保障他们的生活，让他们安安心心地住下来。

在2002年，云南省农村居民人均纯收入才2000元/年。与之形成鲜明对比的是，当时进驻果园的农民，每月能够从公司领到500元的生活补助，结算下来，每年能够从公司领到6000元的生活补助，这还不算后续果实成熟之后领到的奖金。农具及农药均由公司购买，不需要自己出钱。这样的好事一传十，十传百，周边的农民都想要到果园工作。

当然，得到这样的收益也需要付出相应的努力，必须要不断地学习，熟悉管理果树的每一道工序并达到考核的标准，这才算从一个农民变成了一个管理工人。同时他们在学习过程中，也提升了自己，获得了更多关于种植果树的知识。

果农心里也有着一杆秤。到果园之前，他们一年到头种地的收入也不过几千块钱，并且很多时候还看天吃饭；到果园之后，房子、树苗还有肥料都不用自己出钱买，每个月有很高的生活补助，公司给他们每年递增100元的工龄工资，果树刚开始结果的时候，一个两口之家一年的收入能达到三四万元，接近自己种地收入的10倍。到2013年，同样的两口之家，年收入高的能够达到10万元左右，并且自己还可以养一些牲畜和家禽增加收入。同时，公司还提供住房。和过去的日子相比，是大不一样了。

在销售方面，褚橙的品质比肩进口水果，但在定价上并不是采用一味走高的定价体系。

“培养经营者，就是培养消费者，不能光图厂家的利润，而不顾商业的利润，经营者没有了积极性，厂家的市场就会萎缩。”褚时健在定价上同样坚持，让“褚橙”变成大家都可以买到、吃到的日常水果，而不是价格很高的高消费品。

任何创业都是一个很苦的过程，褚时健和夫人马静芬女士当时上山种橙，两位暮年老人住在既不遮阳又不避风的房子里，后来他们说这种苦难是一种磨炼。当然这种身体上的苦还只是他们所受磨难中很少的一部分。

褚时健和褚橙的成功，给农业领域的创业者带来极大信心，而且这个信心并不只限于农业领域，对很多其他行业的创业者也是一种激励、推动和帮助。

中国农业生鲜领域的品牌尤其是全国品牌比较少，先前受制于物流、品控等因素，国内水果没有像新西兰佳沛这样的超级品牌，而褚橙不仅成为国产橙内的领导者品牌，而且它还超越了进口的大牌橙类。

毫不夸张地说，褚时健和马静芬是中国农业的代言人，2012 年是中国生鲜品牌崛起的元年。随着褚橙的崛起，农业领域的品牌创业迎来了大发展。尤其是生鲜行业，如本来生活网和褚橙的深度合作，互相推动，形成了极为良好的示范效应。这对中国农产品品牌化，对这个行业的信心树立是一个非常好的示范。

第十一章

# 意志力

人要有所作为。有所作为不光是为国家做，为集体做，为我们自己做，还要把它做好，事情要做好，做不好事情就没作为。人要对自己负责任，只要自己不想趴下，别人是无法让你趴下的。

——褚时健

被称为领导力之父的沃伦·本尼斯十分喜欢阅读莎士比亚的《皆大欢喜》。在剧里，莎士比亚把人生分成了七大阶段。受《皆大欢喜》启发，本尼斯也将领导者的一生描述为七个阶段，分别是：嗷嗷待哺的婴儿、满面红光的学童、哀歌的恋人、长胡子的士兵、身经百战的将军、戴眼镜的政治家、返璞归真的贤者。无疑，褚时健早已进入了领导者的第七个阶段——返璞归真的贤者。

2018年，褚时健91岁。对于平常老人家来说，这正是颐养天年、含饴弄孙的年纪。然而，褚时健浑身充满干劲，根本闲不下来，他还有太多的事情需要做。在褚时健的带领下，家族、团队里的褚橙接班人们开始陆续接手果园里大大小小的项目。从橙子种植到产品开发再到电商运营，每当遇到疑惑不解的问题时，果园里的年轻领导者们都很乐于找老人寻求指导。

在褚橙基地，褚时健是绝对的精神领袖。在新一代的褚橙领导者们看来，褚时健话语朴实却饱含力量，常常三言两语间就能直击问题的要害。在和“褚大爹”成为“半合伙人”的果园工人眼里，褚时健非常具有人格魅力，热情洋溢而又专业务实。工人们经常挂在嘴边的一句话就是：“一个80多岁的老人都能那样干，我们有什么不能的?”走进褚橙果园，仔细观察，你就会发现这里上上下下每个细微之处都留有褚时健的精神印记。

在探寻褚时健经营哲学理念的过程中，我们发现，除了强烈的使命感、超前的变革力，他的身上还存在着惊人的意志力。

“故天将降大任于斯人也，必先苦其心志，劳其筋骨，饿其体肤，空乏其身，行拂乱其所为，所以动心忍性，曾益其所不能。”回顾褚时健的一生，几多坎坷，几多磨难。少年时期挑起家庭重担，特殊岁月九死一生，晚年又二次创业东山再起。在面对挫折困境之时，褚时健往往能以强大的意志力挺过去，从而开拓出全新的人生境界。

褚时健的超强意志力不仅来自生活的磨炼，还来自商海的打拼。本尼斯曾说：“领导者每进入一个新境界，都意味着新的危机和挑战，蜕变过程痛苦无比，如能做好准备，便可安然渡劫。”从戛洒糖厂到玉溪卷烟厂，连续两次面对一堆烂摊子，褚时健总有办法让企业绝处逢生，扭亏为盈。再到70多岁种橙，把荒山变成良田。抛开经营管理、商业战略等方面的原因，我们相信，经营奇迹的发生与褚时健个人的强大意志力也关系莫大。

## 就是要干事情

褚时健是一个不折不扣的实干家，他相信实实在在的利益，也相信实实在在的劳动。他曾这样劝诫那些正在创业的人："年轻人，定下心来做事。只要心无旁骛，做的事情一定成。不管吹嘘得多么风光，关键还是要做事。"成功企业家的理念总是很相似的，改变了世界的乔布斯也笃信实干的力量。在苹果电脑全盛时期，乔布斯也曾说："真正的领导者身体力行。"

从2003年开始种植冰糖橙起，褚时健就潜心琢磨种植知识，从土壤改良到化肥配比再到治虫防虫，他事无巨细地深入研究，几乎成了冰糖橙的技术专家。曾有位果园的专业柑橘技术员感叹道："我从事这个行业20多年掌握的知识，还不如褚总种冰糖橙10年掌握得多。"如果你和他聊起褚橙，老先生就会很准确地告诉你什么时候果农们正在做些什么农活。"春肥在每年二三月份施，促萌芽、壮花和壮梢。""稳果肥在五月上旬施，是为了减少第二次生理落果。""促梢壮果肥在七月上旬施，用量占全年的35%。”……

这些规范化的标准和流程，都是当年褚时健带着技术研发团队通过一次次实验确立下来的。2007年，随着果园挂果开始增加，褚时健在果园里建起了冷库。刚开始，由于工作人员对冷库的操作标准不熟悉，入库的橙子都腐烂了。看着费尽心血种植出来的橙子就这么坏掉，褚时健心急如焚，当即请来了外地专家查看问题所在。可是，专家也没能解决这个难题。后来，褚时健决定硬着头皮亲自上阵。那段时间，褚时健每晚都手捧专业书籍挑灯夜读，经常熬到夜里三四点。功夫不负苦心人，最终，他这个非专业人士找到了解决办法。技术人员在按照他说的标准调整好冷库的温度和湿度后，橙子再也没有出现过腐烂的情况。类似的事例还有很多，褚时健从来没有专业学习过如何种植冰糖橙，但通过一个个种植环节的亲力亲为、一个个技术难题的亲自解决，他成了果园里最权威、最能干的冰糖橙专家。

每一年，褚时健都在改进种植标准和流程。每年到了挂梢的时节，他会把技术人员召集起来实验哪种剪法最优。行走在如今果树成荫、充满生机的褚橙基地里，你很难想象，在最初，它只是一块土壤严重板结的坏地。

在《极客与怪杰》一书中，通过对年长和年轻领导者的比较，本尼斯发现，领导者的核心素质是适应能力。真正优秀的领导者往往有着超强的适应力，每当处于一个全新的环境时，真正的领导者总能够灵活有效地做出决策并取得成功。对于褚时健 70 多岁还钻研种橙的死磕精神，王石曾如此评价：“现在种橙子，只研究怎么种出最好吃的橙子。他一直追求把专业的事情做到极致。有这种精神，做什么都会成！”

除了能干，褚时健这人有一个特点：不干则已，干就要干好。曾经有一位官员当众调侃他干活太拼命，褚时健听后只是无奈地笑笑：“没办法，天生劳碌命，干起活来就是欲罢不能、身不由己了。”沉下心来做实事，并想尽办法把事情做到极致，这就是褚时健的一大经营哲学。

## 不断坚持

褚时健有极大的使命感，他关心着如何提高农民的收入，如何让中国人吃到安全放心的农作物，如何实现农业的可持续发展。

中国农村地大物博自然资源丰富，只要引进现代的科学技术和管理经验，完全可以生产出媲美进口产品的高质量农产品。只要生产出了高质量的农产品，市场自然欢迎，消费者也乐于买单。

褚时健认为："现在中国农业之所以搞不好，主要是因为很多人都是想投入少、赚钱快，这肯定做不了好产品。农业一定是要高投入、高产出、慢回报。"

褚时健是企业家，经营当然要考虑效益，而农业是一个高投入、长周期、回报慢的产业，需要极度的耐心。2002年深翻土地，2003年种橙，2008年开始有盈利，2012年进军北京市场一炮打响，一路走来，褚时健每一步都走得不慌不忙、扎扎实实。

做农业要和果树打交道，还要和土壤、水源、有机化肥等种种农业资源打交道。在和这些因素打交道的过程中，褚时健都最大限度地顺应自然规律，从不急于求成。比如，他规定在果实成熟前必须摘除一部分果实，这样才能保证单个橙子的高品质。

有一年，褚橙上市以后，消费者普遍反映没有往年好吃。褚时健经过反复考察，发现原因出在树距太窄上。果树空间不够，阳光和养料满足不了那么多树。于是，那一年，褚橙基地砍掉了大约三分之一的果树。如此一来，整个果园的橙子产量虽然下降了，但果子的质量却有了很大保证。从长远考虑，这是正确的决策。

"十年树木，百年树人。"对待果树这样耐心，对待果园里的年轻领导、技术员、农户，褚时健也是这样耐心。在早期，褚时健曾手把手地向果农传授种树知识，一遍不懂就教两遍。对于果园里的技术员，褚时健也常和他们一起试验，攻克技术难题。褚橙业务走上正轨后，褚时健逐渐退居二线。他和妻子马静芬都很愿意给新人机会，对于一切有益的尝试和实验，他们也很支持。“慢慢来，努力干。”他们一直这么鼓励着果园里的新一代管理者。

## 一直在解决问题

通过这种针对性极强的学习方式，褚时健不管做什么都很专业，并且能够让手底下的人信服。在戛洒糖厂、玉溪卷烟厂时，凭借着自身对技术知识的超强学习力，褚时健不仅是领导者，还是技术和业务骨干，在员工中威信很高。

褚时健没有上过大学，只念到高一就去参加了解放战争。但是，在以后的岁月里，他却从来没有放弃过任何学习机会。他看书学习的动力只有一个：解决问题。

活到老，学到老。到了晚年，在种植冰糖橙时，褚时健更是从头开始学习种植知识。在解决问题中学来的知识往往是最扎实、最实用的。尽管基地有很多专业研究柑橘的大学生甚至研究生技术人员，但要说起对冰糖橙的种植研究，没人敢说自己比得过褚时健。

在刚开始种植橙子时，由于缺乏经验，褚时健遭遇了很多意想不到的困难。2006 年，种了 4 年的果树终于挂第一批果了。然而，2400 亩的土地却只收获了 14 吨橙子，大大低于预期产量。那一年，果树掉果很严重，风一吹就会掉下许多来。相当奇怪的是，褚时健用手拿果子却拿不下来。为了弄清楚其中的原因，晚上褚时健觉也不睡地彻夜翻书查找资料；白天，他去请教专家，和技术人员反复试验。他虽然不是专家，但是他愿意通过学习来解决问题。

终于，到了 2012 年，褚橙彻底火了。这种橙子个头均匀、酸甜适口，很受消费者喜爱。在品尝着这一刷新味蕾体验的橙子时，人们或许不会想到，这背后是一位 85 岁老人近 9 年时间的心血成果。

褚时健是一个闲不住的人，按他的话来说：活着，就要认真做事。带领农民脱贫致富，是他对这片土地和人民的责任感，是对生他养他的家乡的回报，也是他作为一个企业家的情怀和使命感。

“我一直和儿孙们强调，一个人工作、过日子都要认认真真，对产品要认真，对周围的人也要认认真真。”

在《成为领导者》一书中，领导力之父本尼斯提出了领导者的四大策略，其中最后一个策略即是自我成长。领导者必须要懂得通过学习实现自我进步，只有这样才能在竞争残酷的现代社会中带领企业生存下来。

然而，不同于传统式的学习，企业领导者的学习是在实战情境之下的学习：领导者是“在组织背景下学习”的专家。更值得提出的是，领导者在组织学习中所扮演的角色即集体自我管理，这也是他们的学习与其他类型的学习的根本不同点。①

褚时健没有系统学过现代管理学，但他在解决工作问题中努力学习的领袖精神或许是对这个理论的最生动诠释。

在早期，农场里的农户们就发现褚时健这个人很怪。“闲暇时间，你看不到他打牌，他也不打麻将。他平时没有别的爱好，就是喜欢看新闻、看书，所看书目也大多是与柑橘种植相关的专业书。”通过私底下的自我学习，褚时健经常能够给农户和技术员们带来各类关于柑橘种植的最新信息，有些还是国外的。

2018 年夏，考拉看看团队一行来到了褚橙的新基

① 沃伦·本尼斯，伯特·纳努斯．领导者（纪念版）[M]．杭州：浙江人民出版社，2016.

地。在那里，我们采访到了形形色色的工作人员，也看到了褚时健死磕问题精神生生不息的传承。相较于商业战略、技术创新等硬性因素，精神因素或许才是一个企业能够最终做大做强的核心因素。在企业做大做强的过程中，一个卓越的精神领袖所产生的力量是巨大的，也是历久弥新的。

褚时健是一位标准的连续创业家，从他早年开荒种地、酿酒，到管理糖厂、烟厂，到高龄种橙，可以说他所涉及的这些行业，都和土地有密切关系。从他做的这几件事情的结果来看，都非常成功。很多专家到了褚橙的地里，都认为褚老对自然的尊重、对土地的认识和理解已经领先了很多。在我们看来，他对农业的理解已经深入骨髓，深入泥土。

从世界范围内的企业家来看，稻盛和夫的管理能力很强，管理几家公司都很成功。但是，稻盛和夫所在的工业领域，可以借鉴的成功案例相对来说更多，工业创业基本可以说是从 10 到 100，而农业创业基本要从 0 到 100。褚老曾告诉我，做农业难，尤其是农业标准化更难。在创业过程中，他主要靠自己逐渐摸索去解决问题。至于成功的秘诀，他说，就是要尊重规律、不服输、全心全意去做，一个一个解决具体的问题。他拥有超强的解决问题的能力，这些问题可以细到一个锅炉的炉桥宽窄，也可以大到提前 5 年、在鲜果超级畅销时就布局果汁加工的战略。

他似乎就是为解决问题而生。

## 企业家精神

褚老所体现的企业家精神贯穿于他的经营过程中，他去糖厂时，糖厂面临破产；他去烟厂时，烟厂是亏损的；他去种橙时，也没有什么好的基础。但他从不退缩，最后都将这些事业推向巅峰。

褚老种橙，带动了一方农民致富，带动一个行业的振兴，他还曾带队开荒，解决了村子里的生存问题。而在糖厂，他既让工人的工作不再那么劳累，还改善了他们的生活。

他曾扛过枪打过仗，从死人堆里爬出来，曾经有过人人都羡慕的辉煌，也曾跌落到人生低谷。

不过，他从没有放弃，没有服过输，尽管我们觉得他属于天才型的企业家，可他自己不这么认为。对于有人写他的故事，他说要真实一些，不要讲什么大道理，他一世为人，就是追求完美和卓越，遵循实事求是。

褚老是值得企业家学习的企业家，他也影响着众多企业家。

2017 年，中国官方把企业家精神提高到前所未有的层面，营造企业家健康成长环境，弘扬优秀企业家精神，更好发挥企业家作用。

中国改革开放至 2018 年已 40 年，这一时期的中国发生了翻天覆地的变化，企业家是经济活动的重要主体，而企业家精神是经济发展的重要源泉。

褚老是一位连续创业者，是一位持续成功的企业家，他不断用实际行动体现出企业家精神的本质，不畏艰难，矢志向前。

这种精神属于当下中国，亦属于明天的中国，它还属于更多企业家，属于每一个追寻梦想的人。

## 热爱生活

回顾褚时健一生的经营，我和考拉看看企业案例研究中心的研究员们沟通后认为，他是一个极为热爱生活的人，有极强的生活意志，所以会不断解决问题。

王石先生说褚老身上体现了工匠精神。

我认为多数工匠都热爱生活，相信他们的创作可以让生活更美好。

如果褚老出狱之后没有种橙，而是做其他行业，他也会成功，他的激情和追求一样会让他成为另外一个行业的巨匠。

热爱生活的人会拥抱生活中的苦难，也愿意为他人谋福利。比如，他开荒解决的不仅是自己的吃饭问题，灾荒来的时候，村里没有人被饿死；他管糖厂，把企业从亏损拉到赚钱的路上，然后想办法改善工人生活；他管烟厂，会考虑开荒种烟，提前规避烟粮争地的问题。

种橙的时候，很多人没有注意到这一事业对当地村民致富的带动，可以说是精准扶贫的样本。从创造利润到创造社会福祉，褚时健一直在做，认认真真地、安安静静地做，并且始终精益求精。

褚时健多年和土地打交道，对土地和农业有深厚的感情，对农业的这种感情，我认为和他自小的经历有关。

费孝通在《乡土中国》里说，靠种地谋生的人明白泥土的可贵。褚老一直在和土地打交道，几次创业都没有离开过土地，他 90 岁的时候，除了经常去果园，还爱逛菜市场，这对比起来很有意思。

晚年的时候，因为孙辈的缘故，褚时健终于学会了普通话，孙女骑在他的头上，可以要求他出门散步……

所以，我一直认为，褚时健是一个热爱生活的人，只不过他的这种热爱，是把多数的精力倾注到企业的经营上。

后记

# 生而有涯，而奋斗无涯

2019年3月5日，褚老走了，我和马玥赶去云南见他最后一面。凌晨3点，空旷的殡仪馆停车场上突然下起大雨，对于生离死别，明明知道无能为力，但是依然悲伤。

围绕灵柩的人们一直在诵阿弥陀佛，对于送别离世亲朋的风俗各地不同，但无论什么形式，都有不舍。灵堂里的照片上，他目光如炬，而躺在灵柩里的他，异常安详，如在熟睡，但我们知道，此时已是永别前的倒计时。

如褚老之经历成就，91岁离开，算是喜丧，但此时初春夜深，乍暖还寒，冷雨又飘零，想到英雄之躯，征战沙场无数，终被岁月带走，悲更涌来。

谁也无法抵御时间，最终时间都会把我们带走，我们因何奋斗？褚老静静地躺在那里，他的那些跌宕起伏自此画上句号，他的那些遭遇与荣光都浓缩在这个临时准备的房间里。我曾试图找到和褚老一样的企业家，但在中国的企业家群体里，难以对标。日本的稻盛和夫，他们相似，但褚老人生更为跌宕。褚老是独一无二的褚时健，但现在，一切归零。

事情再大，大不过生死，除去生死，其他皆小；事情再难，难不过知行对错。人非草木，孰能无情？生离死别都是关，如何去看，如何去过，如何才是不负时光？这个是很难的问题，无论我们曾经多么辉煌，既然最终都归于平静，那么我们何不轻松去过！但是究竟什么是轻松呢？

褚老曾跌至人生低谷，他曾自评，功是功，过是过。联想到出世和入世，一个人要做到出世太难，在世上走，就是入世，是人都有七情六欲，正因为此，我们才称而为人吧。无论世人如何评说，我们自己如何选择，关键还在于自己内心接受，至于其他，基本都是浮云。

褚老这一生，贡献极大，他发心是要为国家、为民族、为人民做一些事情，他热爱我们这个国家并不是一句空话，而是有实际行动的。褚老总是谈到要给国家多纳税，企业好不好，纳税是一个很重要的指标。当然这是他的选择，也是他的热爱；是他的责任，也是他的使命。

他也是这么做的，他给国家创造税收，管理烟厂的时候，还投资修了昆玉高速，修了很多电站，前者当然算布道，后者是给更多人带去光明。

作为企业家群体偶像的企业家，谁位列第一，迄今没有确切的统计，但是至少我们认为，褚老的企业家精神影响了众多企业家，诸多企业家既是他的朋友，也是他的粉丝。

回顾褚老的历次创业，从糖厂到烟厂再到种橙，通过竭尽全力的奋斗，他都成为行业的领导者。他的创业都可谓逆势而上，他把亏损的糖厂和烟厂带出泥潭，他75岁再创业，把一个落后的冰糖橙品种改造成引领行业的褚橙。

无论东西方，企业家的成功都如履薄冰，无论中外，成长的企业家主要凭借自身努力、才华，当然也有时运，克服各种困难，取得甚至他们自己都感到意外的超级成功。

褚老从不退却，艰难险阻都成为他成功的垫脚石。在他成功的背后，有着超常的使命感、激情与思想。

我们必须承认，复制褚橙和学习褚老很难，我和财经作家熊玥伽在写《褚橙方法》的时候，花了比较长的时间去总结，包括后来和考拉看看的创始人马玥女士一起研究和写作《褚时健管理法》，我们有一个共同的结论，那就是，我们不应该去复制它，而应该去学习精神和借鉴方法。褚橙既是一个产品，也是一种消费符号，目前云南也有大面积的果园希望复制褚橙，首先要解决品质的问题，然后还要解决品牌的问题，标准化的品控可以复制出类似的品质，而品牌要复制，短期内比较难，过去几年我们也看到了众多借鉴者的失败案例。

另外一方面，市场变化很大，褚橙的成功有必然的因素，也有很多偶然的因素组合。尽管如此，褚橙是一个标杆，我认为我们既可以学习褚老的企业家精神，同时也可以去借鉴褚橙成功的一些方式和方法，尤其是它的种植管理标准化、产品运作品牌化。

2019年5月，我重新来修改关于褚老的书稿，这是一组作品，合计有三部，体量很大，编辑也要求加快交付。

之前总觉得书稿的质量不够好，还需要继续打磨，所以就没有交给褚老看，如今想来，做什么事情，都要赶时间，尽量把时间周期往前赶。

这部作品的雏形是我和考拉看看内容创作中心的一群作家讲思路，然后共同完成的初稿，书稿放一段时间再来看，曾经那些觉得很满意的地方又觉得问题很多，好些内容感觉要再打磨，甚至想到要放弃。

可是后来转念一想，放弃是最简单的事，这不仅不会解决问题，还会带来新的问题。褚老很强的能力是解决问题能力，有次周其仁教授总结他的特点，也是这样概括的。我们现在写褚老的作品，而且已经有了初稿，怎么能够放弃呢！我们说向褚老学习，如果换作是他，肯定不会选择放弃，而是要用心来解决这个问题。

褚老曾不止一次对我说过，年轻人不要着急，把问题一个一个解决了，事情也就做成了。

所以我又重新安静下来继续修改书稿，静下心来的时候，好像问题也没有那么多了，烦恼也不见了。

继续改稿子，还是有时间要求的，并不能慢下来，但是心态转换以后，明显觉得很有力量。

修改书稿时突然发现对褚老的管理有很多新的认识，外界那些羡慕褚橙成功的人，如果没有研究褚老的过去，是很难理解褚老的管理体系的。

书稿重新把我带回褚老的身边，这种感觉还真是很奇妙。褚老能够取得一次又一次的成功，其实是他在很年轻的时候就已经形成了解决问题的体系和思路。

解决问题说起来好像很简单，可是要真正把这种常识落到实处，既需要用心也需要技巧，当然我觉得首先还是要从心出发，态度特别重要。重视问题的解决，然后去找到钥匙，就可以把问题打开。

褚老解决问题，重视经营的效率，对我们的事业其实有很好的启示，比如坚持做很好的产品。

修改书稿是我和考拉看看团队很日常的一项工作，大家用心去做这件事情，很有成就感，书稿的质量也有了很大的提高。再次用心走进这些文字，这些内容也带给我很大的启示。

考拉看看是一个内容创作和运作团队，每年受托写作和出版的图书上百册、数千万字，大家做好的内容和书稿，也是要从产品的角度出发。做出好的作品，市场可以给出更好的价格，这种信用后期还会有很大的延续效应。

解决问题，做好的产品，做好日常的每一个细节。面对问题，我时常想，如果可以转换身份，那些成功的人会怎么做呢？无论如何，他们的成功启示就是，解决了很多大的问题。

如果你去过褚橙基地，和基地的员工聊天，你会发现，他们的说话方式、内涵和行动，深受褚老影响，和褚老如出一辙。在褚老多年的用心经营中，他的经营方法被学习和实践，他的使命感、激情和思想已经和员工融为一体，也正因为此，他的企业才取得了前所未有的成功。

人和团队合一，这是真正的影响力，这需要非常大大的力量！

我们乐于用文字来表达我们的致敬，希望这本书可以给你带去力量。

读者意见请发送至邮箱 24973558@qq.com。

张小军

2019 年 5 月

于成都考拉看看图书馆